POR LA SENDA DE JESÚS

CONOCIENDO EL GRAN AMOR DE DIOS

CARLOS ARENAS

CARLOS ARENAS

Editorial: edición del autor
Autopublicado e impreso por:
Autores Editores.com

Primera edición 2.024
Originalmente publicado en español
Bogotá - Colombia

ISBN: 978-958-49-9775-3

Solicita tu ejemplar Ingresando a:
www.autoreseditores.com/carlos.alberto2
Escríbenos a:
E-Mail: libroscristocentricos@gmail.com
Colombia

Todas las Escrituras citadas en este libro son tomadas de la Biblia de Casiodoro de Reina – Revisión de 1960, Nueva versión Internacional o Traducción Lenguaje Actual

Editorial: edición del autor
Autopublicado e impreso por:
autoreseditores.com

Primera edición 2.024
Originalmente publicado en español
Bogotá - Colombia

ISBN: 978-958-49-9775-3

Solicita tu ejemplar Ingresando a:
www.autoreseditores.com/carlos.alberto2
Escríbenos a:
E-Mail: libroscristocentricos@gmail.com
Colombia

CONTENIDO

PREFACIO

La biblia dice...

> Y comenzando desde Moisés, y siguiendo por todos los profetas, les declaraba (Jesús) en **todas las Escrituras** lo que de él decían. **Lucas 24:27**

> *Y les dijo (Jesús): Éstas son las palabras que os hablé, estando aún con vosotros: que era necesario que se cumpliese **todo lo que está escrito de mí** en la ley de Moisés, en los profetas y en los salmos. Entonces les abrió el entendimiento, para que comprendiesen las Escrituras...* **Lucas 24:44-45**

Lo primero y lo fundamental es iniciar conociendo y creciendo en el conocimiento de Jesús, ya que Él es y se convierte en el eje central no solo de la creación, sino de todas las sagradas Escrituras. Por tal razón, se sugiere que todo creyente o discípulo de Jesús comience a ahondar en este conocimiento. Es así, que en todas las escrituras, incluyendo la ley de Moisés, los profetas tales como: Isaías, Ezequiel, Daniel, Miqueas, Joel, y los salmos como 22, 23 y 31 entre otros, se habla de Jesucristo. Todo ello perfectamente "confeccionado de manera magistral" por Dios para mostrar y posteriormente revelar a la humanidad su plan de salvación.

Jesús ratifica su registro en todas las Escrituras una y otra vez durante su ministerio en la tierra, pero los sacerdotes, los saduceos, los Fariseos y en general las autoridades de la época nunca le creyeron; más aún, por eso lo crucificaron. Todos estos escritos y registros contenidos en la biblia, tienen como punto central a Jesucristo y nos llevan a su obra salvífica. Son usados por nuestro Dios Todopoderoso como la manera de introducir a su Hijo en medio del hombre. Jesús es entonces el eje central de todas las Escrituras, enviado a los hombres por el Padre para que éstos puedan discernir y comprender en todos los tiempos cómo su presencia, su amor, su misericordia y su gracia eterna han estado, permanecen y permanecerán para siempre con todos aquellos que le buscan, lo aman y le siguen hasta el fin de sus días.

Este libro es un compendio bíblico que, desde Génesis hasta Apocalipsis, proporciona un punto de vista general de la vida y obra de Jesucristo en todos sus tiempos. Es un estudio de su caminar y de algunas enseñanzas que, desde el Antiguo Testamento hasta el fin de las

Sagradas Escrituras, están registradas con enseñanzas enriquecedoras que te ayudarán a comprender en mayor medida la obra y el propósito de Dios en Jesucristo para con toda la humanidad, y en especial con los pecadores que aún se resisten a aceptarlo.

INTRODUCCIÓN

"En el principio la Palabra ya existía. La Palabra estaba con Dios, y la Palabra era Dios. El que es la Palabra existía en el principio con Dios. Dios creó todas las cosas por medio de él, y nada fue creado sin él". ***Juan 1:1-3***

Nada fue creado sin la Palabra, que es Jesucristo, quien siendo Dios se hizo semejante a nosotros los hombres. Como más adelante dice:

Entonces la Palabra se hizo hombre y vino a vivir entre nosotros. Estaba lleno de amor inagotable y fidelidad. ***Juan 1:1-14*** *(NTV)*

Y Dios comienza a hablar y a decir, y todo va siendo creado. La creación aún se mantiene por el poder de la palabra ya dicha en Génesis.

"En el principio creó Dios los cielos y la tierra". ***Génesis1:1*** *Entonces Dios dijo: «Que haya luz»; y hubo luz.* ***Génesis1:3*** *(NTV)*

Y así, continua hasta terminar toda la creación que podemos ver y la que no podemos ver. Jesús ya encarnado responde:

Jesús respondió: —Felipe, ¿he estado con ustedes todo este tiempo, y todavía no sabes quién soy? ¡Los que me han visto a mí han visto al Padre! Entonces, ¿cómo me pides que les muestre al Padre? ***Juan 14:9*** *(NTV)*

Entonces:

"Cristo es la imagen visible del Dios invisible. Él ya existía antes de que las cosas fueran creadas y es supremo sobre toda la creación porque, por medio de él, Dios creó todo lo que existe en los lugares celestiales y en la tierra. Hizo las cosas que podemos ver y las que no podemos ver, tales como tronos, reinos, gobernantes y autoridades del mundo invisible. Todo fue creado por medio de él y para él. Él ya existía antes de todas las cosas y mantiene unida toda la creación. Cristo también es la cabeza de la iglesia, la cual es su cuerpo. Él es el principio, supremo sobre todos los que se levantan de los muertos. Así que él es el primero en todo". ***Colosenses 1:15-20*** *(NTV)*

Y Jesucristo mismo dice de él:

«Yo soy el Alfa y la Omega, el principio y el fin —dice el Señor Dios —. Yo soy el que es, que siempre era y que aún está por venir, el

Todopoderoso».
Apocalipsis 1:8 *(NTV)*

Este libro te ayudará a conocer más de "la senda" que Jesús recorrió al pasar por el planeta que él mismo creó y formó. Te ayudará también a conocer del amor de Cristo y a experimentar mayormente la llenura de su plenitud, como resultado de ese conocimiento. Las Escrituras dicen:

"y de conocer el amor de Cristo, que excede a todo conocimiento, para que seáis llenos de toda la plenitud de Dios". **Efesios 3:19**

CAPITULO I

PRIMERAS HUELLAS

*En el principio era el Verbo, y el Verbo era con Dios, y el Verbo era Dios. Este era en el principio con Dios. Todas las cosas por él fueron hechas, y sin él nada de lo que ha sido hecho, fue hecho. **Juan 1:1-3***

Al iniciar, es imprescindible remitirnos al origen de lo sucedido entre Dios y el hombre en el huerto del Edén; y tener "algunas luces" para comprender como la humanidad fue afectada y comprometida con todos estos acontecimientos:

Dijo Dios:

> *"Más del árbol de la ciencia del bien y del mal no comerás; porque el día que de él comieres, **ciertamente morirás.** **Génesis 2:17***
>
> *Entonces la serpiente dijo a la mujer: **No moriréis**; Génesis 3:4*
>
> *...Y tomó de su fruto, y comió; y dio también a su marido, el cual comió, así como ella. Entonces fueron abiertos los ojos de ambos, y conocieron que estaban desnudos... **Génesis 3:6- 7***
>
> *Mas Jehová Dios llamó al hombre, y le dijo: ¿Dónde estás tú? Y él respondió: Oí tu voz en el huerto, y tuve miedo, porque estaba desnudo; y me escondí. Y Dios le dijo: ¿Quién te enseñó que estabas desnudo? ¿Has comido del árbol de que yo te mandé no comieses? Y el hombre respondió: La mujer que me disté por compañera medio del árbol, y yo comí. Entonces Jehová Dios dijo a la mujer: ¿Qué es lo que has hecho? Y dijo la mujer: La serpiente me engañó, y comí. **Génesis 3: 9-13***

¿Qué sucedió entonces? ¿No murieron como Dios les había dicho? Porque si continuamos la lectura, leemos que tuvieron miedo, vergüenza y continuaron "viviendo", tanto que luego hablaron con Dios y salieron del huerto del edén a trabajar. ¿Entonces qué pasó con aquello que dijo Dios: "no comerás; porque el día que de él comieres, ciertamente morirás"? Y es que realmente ellos no murieron físicamente, pero sí espiritualmente, que era a lo que Dios, como ser espiritual, hacía referencia. Ellos no habían conocido pecado, no habían tenido malicia alguna, ni miedo, ni vergüenza, porque no la conocían, andaban desnudos, pero por la desobediencia de Adán, todo esto les aconteció. Fueron abiertos sus ojos y conocieron lo que era bueno y lo que era malo; entonces cayeron en pecado y fueron expulsados del huerto del Edén. Desde ese momento hasta el día de hoy, toda la humanidad en adelante desde Adán murió espiritualmente; y los que nacen ahora lo hacen en esa naturaleza muerta de pecado, como hijos de ira apartados de Dios, perdidos por toda la eternidad en oscuridad, desconociendo la voluntad de Dios para sus vidas.

Sin embargo, Dios muestra su gran amor y misericordia con Adán y Eva. Ellos, pretendiendo cubrir su pecado a su propia manera, habían cosido hojas de higuera para proteger sus cuerpos, pero Él les hizo túnicas de piel y, cómo si fuera poco, los vistió con ellas.

*Y Jehová Dios hizo al hombre y a su mujer túnicas de pieles, y **los vistió**. **Génesis 3:21***

Esto quiere decir que, por primera vez hubo que realizar, por causa del hombre, el primer sacrificio de un animal inocente para cubrir el pecado. Posiblemente, ese animal tuvo que haber sido un cordero sin mancha, limpio y completamente sano.

Por un momento, medite en esto: ¿Cuál es la naturaleza de un pez? Por supuesto, vivir en el agua todo el tiempo. Asumamos que este pez desea con todo su ser vivir fuera de ella; pero es claro para todos nosotros que, por más que este pez lo desee, nunca lo podrá lograr. Aunque trate de hacer cosas con sus propias fuerzas, tampoco lo logrará, ya que su naturaleza es vivir en el agua todo el tiempo y mantenerse en ella hasta morir o desaparecer de la faz de la tierra. Él nació en esa naturaleza bajo el agua y allí permanecerá. Sólo lo podría lograr si existiera una nueva y extraordinaria forma en la que pudiera vivir fuera de ella y permanecer allí todo el tiempo; o mejor, tendría que nacer de nuevo con una nueva naturaleza fuera del agua.

Algo similar le sucede a todo hombre que nació sin Cristo y que, por ende, vive en su propia naturaleza de pecado todo el tiempo, llevado por la corriente de este mundo, con sus propios deseos, sentimientos, emociones y haciendo su propia voluntad; tratando de cubrir sus pecados a su manera. Y quien, por sus propias fuerzas, así lo deseará con todo su ser, con todo su corazón; nunca podría ni tendría forma de salir de ella. No existe una obra o sacrificio personal con la que alguien pueda pagarle a Dios el derecho de entrar a su presencia y permanecer a su lado por toda la eternidad. Sin embargo, y afortunadamente, nuestro Dios Todopoderoso ha provisto esa manera extraordinaria y super-sobrenatural en la que todo hombre que, por su propia voluntad, se acerca a él puede lograrlo: Cambiar su naturaleza de pecado, naciendo de nuevo como un ser espiritual, aceptado por Dios y viviendo a su lado para siempre. Es como esa nueva oportunidad que Dios ha querido ofrecer para que todos aquellos que se acerquen a Él y deseen disfrutar de una nueva naturaleza; libres del pecado y sin nada que los pueda acusar de su pasado, lo puedan hacer.

Dios es luz, es pureza, es amor, en Él no hay sombra de pecado, es justo, perfecto y perdonador. Él, es Todopoderoso para cambiar esa naturaleza de pecado en todos aquellos que verdaderamente se acercan a Él arrepentidos. Él es majestuoso, grande, maravilloso, excelso, divino, omnipotente, omnisciente, omnipresente e infinitamente con más atributos de los que aquí expresar. El Apóstol Pablo lo describe así:

El Dios que hizo el mundo y todas las cosas que en él hay, siendo Señor del cielo y de la tierra, no habita en templos hechos por manos humanas, ni es honrado por manos de hombres, como si necesitase de algo; pues él es quien da a todos vida y aliento y todas las cosas. **Hechos 17:24-25**

Lo reitero nuevamente: **no** con obras, trabajos o sacrificios que algún hombre haga para acercarse a Dios, podrá hacerlo salvo y mantenerlo siempre a su lado. No existe ninguna manera en la que un ser humano pueda pagar su salvación y ser libre de la segura muerte eterna que le vendrá a quienes aún permanecen apartados de Él. Y si, asumiendo, existiese alguna otra forma diferente de acercarse a Él para ser salvo, Dios sería un ser injusto y estaría haciendo a un lado a determinado grupo de personas o acepción de personas que no tuvieran la posibilidad económica o la capacidad física para realizar esa determinada obra o actividad para ser salvos; mientras el resto de la humanidad se perdería por su desafortunada situación económica o física que les impide hacer aquello. No, no sería justo para ese grupo de personas; y menos si esas personas que pudieran realizar dichas obras o actividades para lograr acercasen a Dios y obtener su salvación fueran hombres hipócritas, llenos de maldad, soberbios, injuriosos, codiciosos, adúlteros o fornicarios, en fin. No sería algo que pudiera entenderse por algún ser humano y, mucho menos, que pudiera aceptarse viniendo de un Dios lleno de luz, de amor y de justicia.

¿Pero desde cuándo se hace efectiva la forma de cambiar esa naturaleza de pecado? La nueva y única alternativa que Él nos ha dado inicia y se manifiesta para todo hombre cuando Dios envía un segundo

Adán, anunciado desde tiempos de tiempos antiguos y siglos atrás en todas las Escrituras por medio de los profetas, quienes señalan de una u otra manera, el nacimiento de un Mesías. Un Mesías que nace y cumple con exactitud y de una manera sorprendente más de 70 profecías.

Son profecías que anuncian ese segundo Adán y que, contrario del primer Adán, es sacrificado en una cruz, donde derrama su preciosa sangre para limpiar el pecado de todos los que lo aceptan y lo reciben como su Señor y Salvador. Él es Jesús de Nazaret, Isa o Yeshúa, como en algunas otras naciones es conocido. Y desde entonces, todo "el que mira" su cruz, lo recibe en su corazón y reconoce el sacrificio allí hecho, recibe en su espíritu esa única manera que le permitirá pasar de la naturaleza de pecado en la que se encuentra a una nueva naturaleza de luz y vida eterna en Cristo Jesús.

Actualmente es Él, Jesucristo, quien continúa cambiando vidas, restaurando hogares, sanando enfermos y haciendo milagros, y **no** pide sacrificio, rito, u obra alguna a cambio, pues él no es   religión; Él es Dios, Él es el León de la tribu de Judá para quienes lo rechazan, pero el Cordero de Dios que quita el pecado del mundo para quienes lo aceptan. Él lo único que espera de ti es que le creas, ver tu fe cecer a medidad que te conviertes en su discipulo.

> *La Biblia dice: Porque de tal manera amó Dios al mundo, que ha dado a su Hijo unigénito, para que todo aquel que en él cree, no se pierda, más tenga vida eterna. Porque no envió Dios a su Hijo al mundo para condenar al mundo, sino para que el mundo sea salvo por él. El que en él cree, no es condenado; pero el que no cree, ya ha sido condenado, porque no ha creído en el nombre del unigénito Hijo de Dios.* **Juan 3:16-18**

Desde el principio de la creación, entonces, es Jesucristo quien siempre ha estado involucrado en ella; observe: cuando leemos el primer capítulo de la biblia en sus primeros versículos, Dios tan solo habla diciendo: «Sea la luz»; y fue la luz… (Gn. 1:3) ahí, Jesús es el Verbo, La Palabra, es quien habla, quien dice, quien ordena y todo sucede. La creación entonces, sostenida por el poder su Palabra.

> *Jesús les dijo: De cierto, de cierto os digo: Antes que Abraham fuese, yo soy.* **Juan 8:58**

Y ese Verbo se hizo carne (un cuerpo humano) y fue sacrificado en una cruz, cumpliendo así, aquel plan de salvación que se había profetizado desde antes cuando Dios realizó el sacrificio de aquel animal inocente en el huerto de Edén para cubrir la desnudez de Adán y Eva. Como lo mencioné anteriormente, este acto anunciaba el plan de salvación para la humanidad. Es el mismo Señor Jesús, de la descendencia de David, quien venía por medio del linaje de estos tres patriarcas: Abraham, Isaac y Jacob, a quienes les fueron hechas las mismas promesas...

*Multiplicaré tu descendencia como las estrellas del cielo, y daré a tu descendencia todas estas tierras; y todas las naciones de la tierra serán benditas en **tu simiente Génesis 26:4***

Y esa simiente a la que hace referencia este versículo es Jesucristo. También leemos de Jesucristo en el libro de Isaías, cómo él predijo la obra de Jesucristo 700 años antes del nacimiento virginal de Jesús. Las tres cuartas partes de este libro hablan de él; y en todo el antiguo testamento encontramos 70 profecías directas de Jesús y 300 Profecías indirectas de su obra misionera, diferentes apariciones y varios tipos de Jesús. Tipos de Jesús, como la historia de José, que aparece descrita en el libro del Génesis y va desde el capítulo 37 hasta el capítulo 50. Es tan extraordinaria y maravillosa está historia que a continuación veremos nueve razones del porqué José es tipo de Jesús; es decir razones que vivió Jesús como Hijo de Dios y que de manera similar le acontecieron a José durante su vida.

A continuación, leerás primero lo que le sucedió a Jesús y, poster-iormente, la escritura que hace referencia a lo que le sucedió a José.

1.   Jesús: Es rechazado por sus hermanos judíos.
     Los judíos gritaron a Poncio Pilato respecto a Jesús: "Crucifícale... crucifícale".

José: *"Cuando ellos lo vieron de lejos, antes que llegara cerca de ellos, conspiraron contra él para matarle".* **Génesis 37:18**

2.   Jesús: Sufrió en manos de sus hermanos, los judíos. Y todo el pueblo lo maltrataban, lo vituperaban y se dolían con las verdades que él les declaraba.

José: *"Ahora pues, venid, y matémosle y echémole en una cisterna, y diremos: Alguna mala bestia lo devoró; y veremos qué será de sus sueños.* **Génesis 37:20**

3.   Jesús: fue traicionado por Judas a cambio de unas monedas de plata.

José: *"Y cuando pasaban los madianitas mercaderes, sacaron ellos a José de la cisterna, y le trajeron arriba, y le vendieron a los ismaelitas por veinte piezas de plata. Y llevaron a José a Egipto".* **Génesis 37:28**

4. Jesús: Dios Padre le dio toda autoridad a Jesús y lo exaltó a lo Sumo.

José: El Faraón le dio toda autoridad y lo exaltó ante todos los egipcios y los pueblos de sus alrededores. El Faraón le dijoa José:

"Tú estarás sobre mi casa, y por tu palabra se gobernará todo mi pueblo; solamente en el trono seré yo mayor que tú. Dijo además Faraón a José: He aquí yo te he puesto sobre toda la tierra de Egipto. Entonces Faraón quitó su anillo de su mano, y lo puso en la mano de José, y lo hizo vestir de ropas de lino finísimo, y puso un collar de oro en su cuello"... **Génesis 41:40-43**

5. Jesús: Hijo de Dios, segundo de la trinidad, digno de adoración.

José: Segundo en el reino egipcio y todos los habitantes lo adoraban.

Faraón ...*"lo hizo subir en su segundo carro, y pregonaron delante de él: ¡Doblad la rodilla!; y lo puso sobre toda la tierra de Egipto. Y dijo Faraón a José: Yo soy Faraón; y sin ti ninguno alzará su mano ni su pie en toda la tierra de Egipto".* **Génesis 41:43-44**

6. Jesús es el esposo de una iglesia gentil y además el Padre le da un nombre que es sobre todo nombre.

José: Siendo judío le entregan como esposa una gentil y además el Faraón le da un nombre que lo pone en autoridad sobre todo egipto.

"Y llamó Faraón el nombre de José, Zafnat-panea; y le dio por mujer a Asenat, hija de Potifera sacerdote de On." **Génesis 41:45**

7. Jesús A los edad de 30 años inicia su ministerio y se manifiesta como el Salvador.

José: A los de 30 años de edad fue nombrado primer ministro y usado por Dios para salvar de morir de hambre a los egipcios, a otros pueblos incluyendo el de su familia.

"Era José de edad de treinta años cuando fue presentado delante de Faraón rey de Egipto; y salió José de delante de Faraón, y recorrió toda la tierra de Egipto". **Génesis 41:46**

8. Jesús: Es el pan de vida para todo hombre y nación.

José: Vinieron de toda la nación, por pan para salvar sus vidas del hambre que los azotaba.

Y el hambre estaba por toda la extensión del país. Entonces abrió José todo granero donde había, y vendía a los egipcios; porque había crecido el hambre en la tierra de Egipto. Y de toda la tierra venían a Egipto para comprar de José, porque por toda la tierra había crecido el hambre. **Génesis 41:56-57**

9. Jesús: el Mesías esperado se revela al mundo en su primera venida y se mostrará en su esplendor para la segunda venida.

José: Probó a sus hermanos en la primera venida desde sus tierras, y en la segunda venida se revela completamente a ellos.

*«¡Soy José! —dijo a sus hermanos—. ¿Vive mi padre todavía?». ¡Pero sus hermanos se quedaron mudos! Estaban atónitos al darse cuenta de que tenían a José frente a ellos. **Génesis 45:3***

Además de todo esto, Dios le concedió a José mucha sabiduría e inteligencia, al punto que fue llamado el dios de la medicina, inventó las columnas que hoy por hoy sostienen las edificaciones, alimentó a Egipto por años, se acuñaron monedas con su nombre, inventó el papiro (Que significa "flor del rey") e interpretaba los sueños del faraón. Fue José el varón a quien Dios usó para que todo su pueblo se salvara de una muerte segura.

Al igual que tipos oparalelismos como el de José, existen muchos otros en la biblia donde Jesús es su centro como parte de ellos. Es el caso en las vidas de Moisés y David, lo que nos ayuda a comprender mejor la obra redentora de Jesucristo y su papel como el cumplimiento de sus profecías y promesas desde el antiguo testamento y el nuevo en donde se registran algunas otras que estamos próximos a experimentar.

CAPITULO II

JESÚS EN EL ANTIGUO TESTAMENTO

La escritura bíblica que contiene **El Pentateuco** también conocido como los: **"Cinco Rollos"**, está formada por los cinco primeros libros de la Biblia: Génesis, Éxodo, Levítico, Números y Deuteronomio, tradicionalmente atribuidos a Moisés, el hebreo. Además, el Pentateuco comprende tres partes del canon judaico; generalmente conocidos por los judíos como libros de la ley o también los "cinco quintos de la ley". Durante muchos siglos, tanto el judaísmo como el cristianismo aceptaron sin cuestionamiento la tradición de que Moisés escribió el Pentateuco; el único punto de debate entre las partes, ha sido lo que implica el relato de la muerte de Moisés. Según Filón, un filósofo judío helenístico de gran influencia. Y Josefo, un destacado historiador judío-romano del siglo I; afirman que Moisés relató su propia muerte, mientras que el Talmud atribuye a Josué los últimos ocho versículos de la Tora que relatan este evento.

EL Pentateuco narra las relaciones de Dios con el mundo y, en particular con la familia de Abraham. Desde el origen de la creación hasta la enigmática descripción de la muerte y sepultura de Moisés, abarca la caída del hombre, los comienzos de la civilización y el diluvio universal. Su propósito fundamental es exponer cómo Dios escogió al pueblo de Israel y lo preparó para la venida de **Jesucristo**. De esta manera, Jesucristo se revela a través de los misteriosos destinos de este pueblo escogido por Dios.

Un tema de gran importancia que también se presenta en el Antiguo Testamento son las **"teofanías"** de Jesucristo, que son   apariciones de la Deidad del Dios Todopoderoso y constituyen un argumento sólido y con mayor firmeza de la unidad en la pluralidad de la naturaleza de Dios, la Encarnación y la Deidad de Jesús.

El término **"teofanía"** proviene de dos palabras del griego – theos (Dios) y epiphaino (aparecer) – y significa básicamente la **aparición de Dios en forma humana.** Estas apariciones en el Antiguo Testamento se dieron en breves períodos durante los cuales el único y verdadero Dios vino a la tierra en forma humana. Jesús mismo hace referencia a estas en la "Ley de Moisés":

La Biblia dice: *Y les dijo: Estas son las palabras que os hablé,* *estando aún con vosotros: que era necesario que se cumpliese todo lo que está escrito **de mí** en la ley de Moisés, en los profetas y en los salmos. Entonces les abrió el entendimiento, para que comprendiesen las Escrituras; **Lucas 24:44-45.***

Jesús también atribuye a Moisés los preceptos del Pentateuco.

La Biblia dice: *No penséis que yo voy a acusaros delante del Padre; hay quien os acusa, Moisés, en quien tenéis vuestra esperanza. Porque si creyeseis a Moisés, me creeríais a mí, porque **de mí** escribió él. Pero si no creéis a sus escritos, ¿cómo creeréis a mis palabras?* **Juan 5:45-46**

Es evidente que Jesús confirma su presencia durante los tiempos del Antiguo Testamento, apareció a varios individuos, hablando con ellos y compartiendo comidas, es decir, presentándose en forma humana y en algunas ocasiones desplegó parte de su gloria. Muchas de las apariciones de Dios en el Antiguo Testamento fueron de la segunda Persona de la Trinidad, Jesucristo, quien habló con Adán, Enoc, Noé, Abraham, Jacob, entre otros. Sin embargo, para algunos puede resultar difícil comprender esto, y si es así, se debe interpretar el Antiguo Testamento a la luz del Nuevo Testamento. En otras palabras, el Nuevo Testamento proporciona claridad sobre pasajes del Antiguo Testamento de tal manera que podamos interpretarlo mejor. Tomemos el siguiente versículo como ejemplo:

La Biblia dice: *Y subieron Moisés y Aarón, Nadab y Abiú, y setenta de los ancianos de Israel; y **vieron al Dios** de Israel; y había debajo de sus pies como un embaldosado de zafiro, semejante al cielo cuando está sereno. Más no extendió su mano sobre los príncipes de los hijos de Israel; y **vieron a Dios**, y comieron y bebieron. **Éxodo 24:9-11***

Observe que dice. **Vieron a Dios,** comieron y bebieron… pero la Biblia en el Nuevo Testamento dice respecto a este tema; *"A Dios nadie le vio jamás; el unigénito Hijo, que está en el seno del Padre, él le ha dado a conocer.* **Juan 1:18"**

Es por ello, que este versículo se conoce como "contradicción aparente", pero que en realidad no lo es, la contradicción está resuelta si entendemos que el Dios que ellos vieron fue a Jesucristo, en su existencia pre – encarnada; ya que lo que realmente pretende decir el Escritor es: Al Padre nadie lo vio jamás, el unigénito Hijo, que está en el seno del Padre, él le ha dado a conocer. O, dicho de otra manera; ningún hombre ha visto al Padre hasta que Jesucristo finalmente lo reveló.

En el Antiguo Testamento, Jesucristo es identificado en algunas ocasiones como **Jehová,** quien realizó milagros portentosos con su poder trascendente y los reveló a sus siervos, de quienes se valió en determinadas circunstancias para dichos actos. Al igual que en el Nuevo Testamento, hubo milagros de resurrección y de curación; no con la misma frecuencia que los realizados en la época de Jesús, pero que manifestaron también su gran poder y su carácter como Dios Todopoderoso. En los escritos del Antiguo Testamento se registran milagros uno por uno, lo que podría indicarnos que no hubo otros que no hayan sido registrados allí. Pero lo que sí es claro, es que el mismo que obró en esos milagros es el mismo que lo hizo en el Nuevo Testamento y que actualmente los hace hoy en nuestras vidas, Jesucristo.

Algunos de los milagros registrados en el Antiguo Testamento fueron: la división del mar Rojo donde el pueblo de Israel pasó en seco (Génesis 14:21-22), la vasija con aceite que uso una viuda hasta ser saturada del preciado líquido (2 Reyes 4:1-7), El Ángel de Jehová que estaba con Sadrac, Mesac y abecnego en el horno de fuego y del que salen sin novedad alguna (Daniel 3:27-28), Eliseo usado por Dios resucita el niño hijo de la Sunamita (2 Reyes 4:32-35), Josué habla a Jehová y detiene el sol y la luna por algún tiempo (Josué 10:12-13), y Jehová multiplica los panes hasta saciar a los profetas (2Reyes 4:42-44), estos entre muchos más son milagros que tiene un único autor; Jesucristo.

El Antiguo Testamento contiene también Salmos que expresan la grandeza y majestad permanente de Jehová Dios; describen hechos inmutables, obras de Dios dirigidas a satisfacer las necesidades de la tierra, transformaciones habituales, provisiones inesperadas, manifestaciones de tiempo en tiempo que tocan la tierra, controlando sus potencias. Con referencia a los Salmos, estos permiten disfrutar la verdad de la creación en un canto donde el medio ambiente se llena de maravillas que parecen alabanza de majestuosidad y exuberancia de todas las criaturas de nuestro Dios y Rey, donde el protagonista siempre es Jesucristo, pues como dice en ***Colosenses 1:15*** *"Él es la imagen del Dios invisible, el primogénito de toda creación".*

Mucho tiempo antes de que el Nuevo Testamento fuera escrito, una sencilla mujer llamada Elisabet, esposa de Zacarías, percibió que el hijo que María (La Virgen) cargaba en su vientre, era el Señor Jesús, cuando saludó a María.

> **La Biblia dice:** *Y aconteció que cuando oyó Elisabet la salutación de María, la criatura saltó en su vientre; y Elisabet fue llena del Espíritu Santo, y exclamó a gran voz, y dijo: Bendita tú entre las mujeres, y bendito el fruto de tu vientre* **Lucas 1:41-42.**

¿Cómo supo ella esto? ¿Fue una revelación especial dada en ese momento o fue sencillamente el estudio de las Escrituras del Antiguo Testamento y que guiada por el Espíritu de Dios la llevó a esta conclusión? Pienso que es lo segundo; Elisabet guiada por el Espíritu Santo estaba identificando a Jesús de Nazaret como Jehová del Antiguo Testamento.

JESÚS ES JEHOVÁ en el Antiguo Testamento. Y es sencillo identificarlo. Si leemos con cuidado, por ejemplo, en la visión y llamamiento de Isaías Capitulo seis.

> **Isaías 6:5 dice:** *"Entonces dije: ¡Ay de mí! que soy muerto; porque siendo hombre inmundo de labios, y habitando en medio de pueblo que tiene labios inmundos, han visto mis ojos al Rey, Jehová de los ejércitos"…*

Observe que dice: *"mis ojos han visto al Rey, a Jehová de los ejércitos"*, y Jesús es el Rey de Reyes. Más adelante, el profeta cuenta como su autoestima es avasallada por la visión gloriosa. Posteriormente Isaías recibe la comisión de ir y hablar a su pueblo, aunque de todas formas la gente no lo iba a oír…. pero recuerde que la biblia dice; "A Dios (Padre) nadie le vio jamás" y sin embargo él en el versículo ocho dice: *"Después oí la voz* **del Señor***, que decía: ¿A quién enviaré, y quién irá por nosotros? Entonces respondí yo: Heme aquí, envíame a mí"*. Luego en el Nuevo Testamento se cumple y se visualiza con claridad que el Señor que Isaías observaba era Jesucristo:

> **La Biblia dice:** *Pero a pesar de que había hecho tantas señales delante de ellos, no creían en él; para que se cumpliese la palabra del profeta Isaías, que dijo:* **"Señor***, ¿quién ha creído a nuestro anuncio? ¿Y a quién se ha revelado el brazo del Señor? Por esto no podían creer, porque también dijo Isaías: Cegó los ojos de ellos, y endureció su corazón; Para que no vean con los ojos, y entiendan con el corazón, y se conviertan, y yo los sane. Isaías dijo esto cuando vio su gloria, y habló acerca* **de él.** **Juan 12:37-41**

De él, ¿quién? por su puesto de Jesús; que, aunque había hecho cosas maravillosas, grandes milagros y la gente lo había recibido de forma triunfante al entrar en Jerusalén montado en un asno, por otro lado, los oficiales de la nación y posteriormente el mismo pueblo lo habían rechazado completamente hasta condenarlo a la cruz. Sus corazones estaban endurecidos, sus oídos ensordecidos, ciegos sus ojos. No se convirtieron, ni entendían. Cumpliéndose de esta manera la palabra. Y fue ese personaje glorioso, delante del cual Isaías se postró, Jesucristo.

Vemos entonces que, para el Señor Jesús, identificarse como Jehová en el Antiguo Testamento... era tan evidente que los escritores del Nuevo Testamento, continuamente hacían referencias al Antiguo para iluminar, aclarar, o explicar los reclamos que a su vez Jesús hacía con respecto a su persona. Aunque es necesario aclarar que en el Antiguo Testamento no todas las apariciones de Jehová son de Jesucristo, pues en muchas ocasiones EL PADRE es también manifestado e identificado también como Jehová, es decir hay evidencia de que dos personas son identificadas como Jehová en el Antiguo Testamento. Uno de tantos ejemplos de ello lo encontramos en el siguiente Salmo, donde Jehová (Padre) y Jehová (Jesucristo) son mencionados:

> **La Biblia dice: Jehová** *dijo a mi* **Señor**: *Siéntate a mi diestra, Hasta que ponga a tus enemigos por estrado de tus pies.*   **Salmo 110:1**

En este pasaje se menciona a Jehová (El Padre), como una declaración de quien es superior, el mayor de todos; y se menciona también al Señor, haciendo referencia " Al Amo, Maestro" o " Señor", el mismo que llevó el juicio sobre las ciudades de Sodoma y Gomorra,

> **La Biblia dice:** *Os trastorné como cuando* **Dios** *trastornó a Sodoma y a Gomorra, y fuisteis como tizón escapado del fuego; mas no os volvisteis a mí, dice* **Jehová. Amos 4:11**

Observe que en ambos pasajes se menciona a Jehová (El Padre) y al Señor (Jesucristo). Esto es consistente con la idea bíblica de que el Señor Jesús tiene una relación especial con el pueblo de Israel. Aunque actualmente para Israel, Él no es el mediador especial entre Adonaí y su pueblo escogido.

El **Salmo 110** comienza con una promesa divina, que declara la posición del Rey y Sacerdote, que promete su dominio, desde Sion y sobre los reyes de la tierra. Que describe lo que sucede después de que

Abraham llega de la batalla y reconoce la preeminencia de Melquisedec como sacerdote, presentándole los diezmos del botín y afirmando que el "Dios Altísimo" de Melquisedec no era otro que el mismo Señor Jesucristo. fue como enfocar un telescopio sobre el Mesías. Presagió al Sacerdote-Rey perfecto, Jesús; que en la carta a los hebreos se menciona nuevamente como Melquisedec, a fin de demostrar que el Señor Jesús es el verdadero sacerdote, que da el cumplimiento de una línea verdadera extendida hacia el pasado por medio de David a Abraham y donde resulta ser Jesús ciertamente el verdadero Melquisedec, a quien también Abraham lo conoció en "su prototipo".

Si miramos un poco más, en Deuteronomio cuando dice…
*"y me dio **Jehová** las dos tablas de piedra escritas **con el dedo de Dios**; y en ellas estaba escrito según todas las palabras que os habló Jehová en el monte, de en medio del fuego, el día de la asamblea". **Deuteronomio 9:10**.*

Es decir, quien hablaba en medio del fuego fue Jehová (Jesucristo) pues no dice… "Y me dio Jehová las dos tablas de piedra escritas con su propio dedo (o con su dedo)". Sino que dos personas se encuentran involucradas en esta "transacción"; el Mediador, el Señor Jesucristo (Jehová), y Adonaí (El Señor Dios) quien escribe las tablas con su dedo. Más aún, en **hebreos 9:15** dice *"Así que, por eso es mediador de un **nuevo** pacto"*. Es decir, es el mediador de ambos Pactos - Jesucristo.

***La Biblia dice**: "Porque hay un solo Dios, y un solo mediador entre Dios y los hombres, Jesucristo hombre **1 Timoteo2:5**".*

En otros pasajes bíblicos del Antiguo Testamento, Jesucristo se manifiesta como **El ángel de Jehová,** con atributos de omnisciencia y omnipotencia, a su vez aparece en la promesa que el ángel de Jehová hace a Abraham en Génesis…

La Biblia dice:** Y llamó el **ángel de Jehová** a Abraham segunda vez desde el cielo, y dijo: De cierto te bendeciré y multiplicaré tu descendencia como las estrellas del cielo y como la arena que está a la orilla del mar, y tu descendencia poseerá las puertas de sus enemigos. En tu simiente serán benditas todas las naciones de la tierra, por cuanto obedeciste a mi voz. **Génesis 22: 15-18

En razón de que los ángeles son seres creados, (Salmo 148: 2-5) ningún ángel puede hacer tal promesa; pues para hacerlo se necesita poseer los atributos de omnisciencia y omnipotencia, tener conocimiento del futuro, y asegurar que la promesa se haga realidad.

Por tanto, la omnisciencia como la omnipotencia son atributos únicos e incomunicables de Dios. A continuación veremos otros ejemplos:

Jesucristo en una Teofanía, Es el mismo que hace su aparición por primera vez a Agar, la sierva de Sara mujer de Abraham:

> *La Biblia dice: Y le dijo el ángel de Jehová: Vuélvete a tu señora, y ponte sumisa bajo su mano. Le dijo también el ángel de Jehová: Multiplicaré tanto tu descendencia, que no podrá ser contada a causa de la multitud. Además, le dijo el ángel de Jehová: He aquí que has concebido, y darás a luz un hijo, y llamarás su nombre Ismael, porque Jehová ha oído tu aflicción. Génesis 16: 9-11*

Observa cómo el Ángel de Jehová habla a Agar y le hace promesas que solo él como Dios puede cumplir, le da una oreden que Agar no puede desobedecer, puesto que rehusar obedecerle es equivalente a rehusar al mismo Jehová. Esto se confirma con Abraham de la misma manera en el siguiente pasaje:

> *La Biblia dice: Entonces el **ángel de Jehová** le dio voces desde el cielo, y dijo: Abraham, Abraham. Y él respondió: Heme aquí. Y dijo: No extiendas tu mano sobre el muchacho, ni le hagas nada; porque ya conozco que temes a Dios, por cuanto no me rehusaste tu hijo, tu único. Génesis 22: 11-12*

En la visión de Zacarías encontramos también al ángel de Jehová intercediendo por Judá frente a Jehová (Padre); lo que marca una diferencia entre Jehová y el Ángel de Jehová (Jesucristo), recordemos: "hay un solo mediador" y el Ángel de Jehová se confirma nuevamente como ese único mediador.

> *La Biblia dice: Respondió **el ángel de Jehová** y dijo: Oh Jehová de los ejércitos, ¿hasta cuándo no tendrás piedad de Jerusalén, y de las ciudades de Judá, con las cuales has estado airado por espacio de setenta años? **Y Jehová** respondió buenas palabras, palabras consoladoras, al ángel que hablaba conmigo.*
> *Zacarías 1: 12-13.*

En otro pasaje igualmente...

> *La Biblia dice: Entonces dijo Manoa al ángel de Jehová: ¿Cuál es tu nombre, para que cuando se cumpla tu palabra te honremos? Y **el ángel de Jehová** respondió: ¿Por qué preguntas por   mi nombre, que es admirable? Y Manoa tomó un cabrito y una ofrenda, y los ofreció sobre una peña a **Jehová**; y **el ángel** hizo milagro ante los ojos de*

*Manoa y de su mujer. Porque aconteció que cuando la llama subía del altar hacia el cielo, el ángel de Jehová subió en la llama del altar ante los ojos de Manoa y de su mujer, los cuales se postraron en tierra. Y el ángel de Jehová no volvió a aparecer a Manoa ni a su mujer. Entonces conoció Manoa que era el ángel de Jehová. Y dijo Manoa a su mujer: Ciertamente moriremos, porque **a Dios** hemos visto. **Jueces 13:17-22**

Nosotros tememos a Elohim, a Adonaí, al Dios Todopoderoso, al Gran Yo Soy, no a los ángeles. Lo que significa nuevamente, que a quién hacen referencia estos pasajes es a Jesucristo.

> **La Biblia dice:** *El ángel de Jehová acampa alrededor de los que le temen, y los defiende.* **Salmo 34:7**

Es claro entonces que, si reconocemos la existencia de unidad y la consistencia indudable entre el Antiguo y el Nuevo Testamento, podemos aceptar la realidad de que Jesucristo pre-encarnado es la imagen del Dios invisible desde el Antiguo Pacto, confirmado en una multitud de similitudes registradas en las Escrituras entre Jehová, el ángel de Jehová y la persona de Jesucristo, las cuales apoyan esta doctrina. Estos personajes de la divinidad de Dios, tienen ministerios similares tales como: comisionar, consolar, liberar a los cautivos, proteger a los siervos de Dios, comunicar o revelar verdades, portar grandes promesas e interceder por la gente, sumado a esto, la ausencia total del ángel de Jehová en el Nuevo Testamento, nos ayuda a afirmar el concepto de que el ángel de Jehová es nuestro amado Señor Jesucristo. Y que Jesucristo es Dios, es Jehová, es Señor y es la Segunda persona de la Trinidad que aparece a lo largo de las Sagradas Escrituras de principio a fin.

Si desea tener mayor claridad de los atributos del Ángel de Jehová, te invito a que leas y medites en los siguientes versículos: Éxodo 23:21, Daniel 9:9, Marcos 2, Josué 5:14, Éxodo 3:5.

> **Biblia dice:** *Yo soy el Alfa y la Omega, principio y fin, dice el Señor, el que es y que era y que ha de venir, el Todopoderoso.*
> **Apocalipsis 1:8**

Después de tantos siglos de teofanías específicas de Jesucristo, a Reyes, Sacerdotes y Profetas en diferentes circunstancias durante el Antiguo testamento, Dios decide enviar al Verbo encarnado, su Hijo Unigénito, por medio del vientre de una mujer llamada María.

Es posible visualizar en los escritos referentes a Jesús, cómo los textos de la pasión son los que más fuerza tuvieron para explicar algo tan difícil de entender por la humanidad, que el Mesías que vendría a salvarlos había muerto como si fuera un sedicioso y un ladrón; que su autoridad fue: proclamada, cuestionada y demostrada. Que con llevó a quienes lo reconocieron y aún lo continúan haciendo en toda la Escritura, ver la bondad de Dios, su poder, su soberanía, su justicia, su sabiduría y en general la bondad del Padre y del mismo Señor Jesucristo desde el principio de la creación.

> *Porque de tal manera amó Dios al mundo, que ha dado a su Hijo unigénito, para que todo aquel que en él cree, no se pierda, mas tenga vida eterna. Porque no envió Dios a su Hijo al mundo para condenar al mundo, sino para que el mundo sea salvo por él.* ***Juan 3:16-17***

Este pasaje es una expresión clara de los deseos y propósitos de Dios para con la humanidad, que podemos encerrarlos en tres verdades allí descritas: ***Primero;*** el carácter universal de su amor por la creación. ***Segundo;*** su naturaleza de sacrificio y ***Tercero;*** su propósito eterno para con todos ellos.

Es la respuesta de vida eterna como posesión actual para quienes lo aceptan, y no como una mera ilusión o una esperanza que podría llegar a ser para otros; es la afirmación clara y verdadera que también desafiaba a los oyentes judíos de la época, acostumbrados a pensar en Dios como alguien que amaba únicamente a Israel, y no como el Dios de amor que se extendía a todo aquel necesitado de su gracia salvadora; lo que explica por qué Jesús vino a salvar y no a condenar al mundo.

El hecho es que el mundo ya estaba en un estado de condenación, acentuado aún más por la falta de fe en el Mesías. Jesús entonces nace en medio nuestro, como "el recurso" final que divide el mundo en dos grupos, los creyentes y los incrédulos, o igualmente, los salvos y los perdidos.

CAPITULO III

JESÚS EN SU MINISTERIO

Toma por sorpresa a los gobernantes romanos, al pueblo judío en general, pero principalmente a María la virgen, el nacimiento de un niño llamado Jesús. Ya que, cuando el Ángel de Dios se manifiesta a María, ella al instante se siente naturalmente invadida de temor y perplejidad al ser saludada como "muy favorecida", esta expresión que significa, que fue elegida por la gracia de Dios, para tener un hijo cuyo nombre en el hebreo equivale a "Josué" que significa "Salvador".

La antigua tradición sugiere que el niño nació en un pesebre, pero en realidad nació en un mesón o posada y posteriormente fue puesto en otra parte de la posada, que era la pesebrera o el lugar donde se encierran a los animales, y allí fue envuelto en pañales. Por medio de ese nacimiento Dios extiende su favor a la gente que no había hecho nada para merecerlo; y que por su gracia les concede paz. La paz que sobrepasa nuestro entendimiento y que expresa la naturaleza de la salvación y la restauración de las buenas relaciones entre Dios y el pueblo pecador, quien por consiguiente recibe el beneficio de todas sus bendiciones.

La Biblia dice: *Y aconteció que estando ellos allí, se cumplieron los días de su alumbramiento. Y dio a luz a su hijo primogénito, y lo envolvió en pañales, y lo **acostó** en un pesebre, porque no había lugar para ellos en el mesón.* **Lucas 2:6-7**

Más adelante, en **EL BAUTISMO** de Jesús se manifiesta una revelación divina que convocó la Trinidad del Dios Todopoderoso. El Padre que con su voz venida del cielo confirma el "papel" del Hijo de Dios como su siervo; y el Espíritu Santo, que vine sobre él en forma como de paloma, a fin de equiparlo para su función profética como el Mesías esperado.

Jesús recibe entonces el poder necesario para enfrentar lo que debía venir cuando fuere enviado al desierto para resistir los ataques del Diablo. Allí cuando por diferentes tentaciones pretendieron engañarlo, las discierne y las resiste sin tacha, gracias a ese poder otorgado y al conocimiento de las Escrituras que para entonces tenía sembradas en su corazón.

Esas tentaciones que fueron dirigidas contra Él, como el Hijo de Dios y contra su relación íntima con Dios El Padre, en quien descansaba su posición como El Mesías. Quien confiado y en obediencia a su propósito, no fue tentado específicamente por su obra como el Salvador del mundo; sino que el Diablo pretendía destruir su relación con el Padre, sabiendo que, al hacerlo destruye esa relación y destruiría así mismo su propósito eterno. Del mismo modo tratará de lograrlo con todo creyente que hoy día se alejan de su comunión con Dios.

Jesús al inicio de su ministerio, es aceptado ampliamente como **MAESTRO** y especialmente como **SANADOR**; su misión en Galilea fue todo un éxito al punto que atrajo la atención en "toda Palestina" que para entonces formaba parte de la provincia romana de Siria. Galilea resulta ser el escenario de las actividades de Jesús hasta su último viaje a Jerusalén; es allí en Galilea donde su luz resplandece y su misión crece y prospera, mientras que, por otro lado, en Jerusalén llega a ser el lugar de rechazo y posterior muerte en su vida terrena.

Este contraste se destaca cuidadosamente a lo largo de todo el evangelio, cumpliendo con el lanzamiento de la misión evangelística trazada para después de la pasión, muerte y resurrección. Es entonces cuando los discípulos de Jesús lo apoyan, hasta llegar a ser verdaderos pescadores de hombres, ganando a nuevos creyentes anunciando su resurrección. Donde Simón, Jacobo y Juan y en un grado menor Andrés forman el núcleo central del grupo de discípulos que iniciaría esta gran tarea evangelística.

La Biblia dice: *Desde entonces comenzó Jesús a predicar, y a decir: Arrepentíos, porque el reino de los cielos se ha acercado. Andando Jesús junto al mar de Galilea, vio a dos hermanos, Simón, llamado Pedro, y Andrés su hermano, que echaban la red en el mar; porque eran pescadores. Y les dijo: Venid en pos de mí, y os haré pescadores de hombres. Ellos entonces, dejando al instante las redes, le siguieron. Pasando de allí, vio a otros dos hermanos, Jacobo hijo de Zebedeo, y Juan su hermano, en la barca con Zebedeo su padre, que remendaban sus redes; y los llamó. Y ellos, dejando al instante la barca y a su padre, le siguieron. Y recorrió Jesús toda Galilea, enseñando en las sinagogas de ellos, y predicando el evangelio del reino, y sanando toda enfermedad y toda dolencia en el pueblo.* **Mateo 4:17-23**

Jesús, como Dios mismo encarnado, obra libremente con auto-ridad soberana en medio de los discípulos, gobernantes, Sacerdotes e ilustres de la época; quienes después de haber estado en íntimo contacto con Él, más tarde realizan obras similares usando el poder de su nombre. Estas expresiones continúan manifestándose y describiéndose en el libro de los Hechos, que prolonga la historia de su ministerio terrenal y las acciones directas del Dios Todopoderoso en Cristo Jesús.

LA GLORIA DE JESÚS se hace entonces manifiesta por medio de milagros y la predicación de su Palabra, que orientaba de alguna manera al pueblo para que pudiese ver el modo en el que Dios habla dramáticamente a los que tienen oídos para oír, y a los que hoy en día ven con escepticismo la cruz como una sencilla historia que pasó. Milagros destacados que incluyen, la curación de leprosos, la resurrección de los muertos, las manifestaciones de los ciegos recibiendo la vista, los cojos que andando, los sordos que oyendo. Al mismo tiempo, que se predicaba el evangelio a los pobres de corazón y a los mansos de espíritu, que necesitados de visión y de oídos espirituales deseaban andar en el camino al Padre.

Es un momento en el que Jesús experimenta como algunas personas no estaban dispuestas a recibir las buenas nuevas, ni concordaban con su misión mientras otras por el contrario aumentaban su fe. Y podemos observarlo en los relatos milagrosos descritos en el Nuevo Testamento e íntimamente relacionados con la fe poderosa que respalda a quienes los observan o participan en ellos creyéndolos. Milagros que se realizan también con la fe de los actuales y futuros oidores o lectores de la biblia, que ven estos milagros como la respuesta adecuada a sus enseñanzas y la predicación sobre su obra salvífica; por lo que definitivamente esos milagros marcan la diferencia entre aquellos que acuden a Él para recibir su propio milagro y los que verdaderamente desean mantener una comunión intima por la revelación de quien él es, El Cristo, el Hijo de Dios.

Otro aspecto muy importante de Jesús, tenía que ver con la **FORMA EN QUE SE DIRIGÍA A SUS DISCÍPULOS Y AL PUEBLO** en general, utilizando parábolas. La palabra "parábola" del griego paraboleμ, significa "poniendo cosas a la par" y etimológicamente, "diciendo cosas de modo diferente". En el Nuevo Testamento se emplea para describir cualquier tipo de relación no literal; lo que normalmente llamamos un proverbio. Las parábolas suelen tener normalmente el carácter de un acertijo. Jesús en ocasiones tomaba ilustraciones de la naturaleza para sus parábolas, es el caso de "las semillas en el camino"; en otras ocasiones las tomaba de las costumbres familiares y los incidentes de la vida diaria, como la de la levadura, la oveja perdida, el hombre inoportuno, y las diez vírgenes, entre otras. A su vez se dirigía en parábolas que tomó de acontecimientos recientes; o de lo que podría considerarse como acontecimientos ocasionales, como la del mayordomo injusto y el hijo pródigo.

Las parábolas que Jesús usaba, por lo general advertían y advierten a todos los escuchas que el seguirlo, no es la ruta, el camino de popularidad o de influencia esperada, sino una misión que conduce a una vida de carrera, de compromiso permanente que debe continuar, sin importar las veces que fueren rechazados. Pues seguirá habiendo "más ciudades de Israel y del mundo" donde llevar su mensaje, hasta su nuevo regreso en el rapto.

LOS DISCÍPULOS, ADVERTIDOS por Jesús en parábolas, reconocieron poco después de su partida, que sus propios ministerios se desarrollarían en medio de una sociedad hostil, haciéndolos tan vulnerables como ovejas en medio de lobos y comprendieron que para sobrevivir y poder cumplir su misión, debían ser astutos, sin ser dañinos, ni tontos, pero si sencillos.

Las advertencias que Jesús les hizo se relacionan con los conflictos y las persecuciones que vivieron, sin perder el enfoque de llevar el evangelio acompañado de principios que formaron sus testimonios como miembros de una nueva iglesia ayudada por el Espíritu Santo. Estos discípulos se mantuvieron en la voluntad de Dios, tal como Jesús les había enseñado, sin dar lugar al temor; escogiendo siempre la lealtad correcta de a quién seguir y a quien creerle; ya que sabiendo que esto tendría y tiene consecuencias eternas.

Seguir y temer al hombre, era y es perder la perspectiva de la fe, y no de aquel que puede destruir tanto el alma como el cuerpo en el infierno. Jesús les enseñaba por medio de esas parábolas que su lealtad a él causaría conflicto aún dentro de sus familias; con lo que pretendía mostrarles el lenguaje acerca de llevar su cruz o el martirio por seguirlo.

La Biblia dice: Entonces respondiendo Pedro, le dijo: He aquí, nosotros lo hemos dejado todo, y te hemos seguido; ¿qué, pues, tendremos? Y Jesús les dijo: De cierto os digo que en la regeneración, cuando el Hijo del Hombre se siente en el trono de su gloria, vosotros que me habéis seguido también os sentaréis sobre doce tronos, para juzgar a las doce tribus de Israel. Y cualquiera que haya dejado casas, o hermanos, o hermanas, o padre, o madre, o mujer, o hijos, o tierras, por mi nombre, recibirá cien veces más, y heredará la vida eterna. Pero muchos primeros serán postreros, y postreros, primeros. Mateo

19:27-30

UN ACONTECIMIENTO TRASCENDENTAL que ocurrió a tres de los discípulos que estaban con Jesús, quienes contaron con el privilegio de verlo en su gloria real, sucedió con la revelación para ellos y para nosotros sus seguidores, quién era y es en verdad Jesús.

Él es el protagonista que divide el Antiguo, el Nuevo Testamento y la historia de la humanidad en dos. Aquel que se manifiesta en todo su maravilloso esplendor, cuando Dios en un mismo instante habla a Moisés como autor de los diez mandamientos y libertador del Pueblo de Dios y a Elías el gran profeta y primer hombre que fue arrebatado por Él; diciendo desde lo alto: **"a él oíd"** es decir a Jesús; una afirmación que en otras palabras significa: "ya no escuchen ni se guíen por los mandamientos dados a Moisés, ni por las profecías dadas únicamente a determinados hombres como Elías"; sino oigan los mandamientos que Jesús da, oigan a los profetas que hoy día son puestos por el Espíritu Santo en las iglesias de Jesucristo.

Es en **LA TRANSFIGURACIÓN** de Jesús donde pasamos de la ley y los profetas, a ser guiados por las Palabras de Jesús y por el Espíritu Santo, quien ha dado dones a la Iglesia y les ha puesto en el Cuerpo de Cristo como él quiere. Son básicamente tres consecuencias que resultan de este maravilloso momento en la transfiguración de Jesús:

Primero, su aspecto transfigurado, en una luz brillante envuelto en una nube igualmente brillante, confirma que él no es solamente un portavoz de Dios, sino que es diferente en sí mismo de todos los profetas.

Segundo, está ligado con Moisés y Elías, dos de los más "grandes héroes" de la biblia, por medio de quienes Dios salvó y habló a su pueblo en tiempos pasados (aunque ambos, como Jesús, sufrieron el rechazo del pueblo de Dios). Se esperaba popularmente que volvieran para inaugurar la edad mesiánica, sin embargo, la aparición de Dios Padre aquí, proclama a Jesús directamente como el Mesías esperado. *Tercero*, con el bautismo de Jesús, Dios mismo nuevamente confirma a Jesús como su Hijo. Para que sus discípulos en adelante solo a él lo deban oír y posteriormente también leer.

La Biblia dice: Seis días después, Jesús tomó a Pedro, a Jacobo y a Juan su hermano, y los llevó aparte a un monte alto; y se transfiguró delante de ellos, y resplandeció su rostro como el sol, y sus vestidos se hicieron blancos como la luz. Y he aquí les aparecieron Moisés y Elías, hablando con él. Entonces Pedro dijo a Jesús: Señor, bueno es para nosotros que estemos aquí; si quieres, hagamos aquí tres enramadas: una para ti, otra para Moisés, y otra para Elías. Mientras él aún hablaba, una nube de luz los cubrió; y he aquí una voz desde la nube, que decía: Este es mi Hijo amado, en quien tengo complacencia; **a él oid...** *Mateo 17:1-5*

LA ÚLTIMA CENA PASCUAL se efectuó con todo el simbolismo histórico y teológico que incluía, un nuevo significado: la muerte de Jesús, que desde ese momento marcó e hizo de esta cena el acto central de la adoración cristiana. Allí en ese lugar de Jerusalén, preparado de antemano, Jesús en compañía de doce de sus seguidores, manifestó la idea incomoda de que "uno de vosotros me va a entregar". Aunque no hubo una identificación directa del traidor, él sabía quién sería, a pesar de la expresión disimulada de Judas ¿acaso seré yo? la cual fue contestada con suficiente claridad suficiente por Él, aceptando que tendría que padecer tal como está escrito y sin tratar de impedirlo. Una segunda advertencia que confirmaría la debilidad de los discípulos, se hace manifiesta también, por la predicción de que Pedro lo negaría tres veces antes de que cantase el gallo y de que todos sus discípulos lo abandonarían.

Esta última cena prosiguió luego, usando el pan y el vino para explicar el significado de su muerte. El pan, que partido representa su cuerpo molido a látigo y a golpes, como la realidad de esa muerte. Mientras que el tomar la copa aclaraba más la idea de que su sangre sería derramada para el perdón de los pecados de muchos. Entonces al comer y al beber la cena, los seguidores de Jesús se identificaban con su muerte y el perdón que les sería otorgado al momento de su crucifixión. Es así como la primera pascua en el Antiguo Testamento se había establecido con un pacto que señalaba a Israel como el pueblo de Dios, ahora un Nuevo Pacto identificaría no a un nuevo pueblo, sino a los hijos de Dios, que se congregan desde ese instante y hasta el fin de los tiempos para esperar y recibir el "gran banquete mesiánico" en las bodas del cordero, junto con todos sus discípulos en el cielo después del arrebatamiento.

La Biblia dice: Porque yo recibí del Señor lo que también os he enseñado: Que el Señor Jesús, la noche que fue entregado, tomó pan; y habiendo dado gracias, lo partió, y dijo: Tomad, comed; esto es mi cuerpo que por vosotros es partido; haced esto en memoria de mí. Asimismo, tomó también la copa, después de haber cenado, diciendo: Esta copa es el nuevo pacto en mi sangre; haced esto todas las veces que la bebiereis, en memoria de mí. Así, pues, todas las veces que comiereis este pan, y bebiereis esta copa, la muerte del Señor anunciáis hasta que él venga. **1 Corintios 11:23-26**

Por lo anterior, podemos comprender que la muerte de Jesús sería y es, el precio del rescate por toda la humanidad y de todo aquel que lo quiera aceptar, es el sacrificio del nuevo pacto con la última y poderosa ofrenda por los pecados; lo que impacta hoy y por siempre a los creyentes y les permite entrar confiadamente por su gracia cada día al trono del Padre Celestial.

El día del **ARRESTO DE JESÚS**, mucha gente en compañía de Judas llega al huerto de Getsemaní, con un destacamento del ejército romano provisto por el Sanedrín; los discípulos no preparados para este acontecimiento, huyen despavoridos sin ofrecer resistencia, permiriendo que en Jesús se cumplan los eventos proféticos siguiendo su curso conforme a lo escrito; en otras palabras, no fue un asunto de escaso poder de parte de Jesús para prevenirlos, sino que escogió no resistir, para que se cumpliese lo dicho sobre él en las Escrituras.

En un juicio judío la pena de muerte sólo podía ser pronunciada por el gobernador romano y la corte suprema judía, era el clímax de la confrontación que se había ido acumulando por la ira y los celos del sumo sacerdote, los ancianos y los escribas que comenzaban a alborotar al pueblo. Durante la audiencia Jesús declaró abiertamente su propia autoridad, y los miembros del Sanedrín celosos lo repudiaron con agresividad, cumpliendo una sesión caótica y compleja que duró casi toda la noche y estuvo lejos de ser imparcial.

No se dice cuál fue la acusación contra Jesús de parte de los testigos falsos. Pero la supuesta expresión de Jesús: *"puedo derribar el templo de Dios y edificarlo en tres días"* aunque no era falsa y sí malintencionada, fue dicha por dos testigos, lo que "le dio validez"; más aún si se trataba de amenazar el templo, que era amenazarles lo más precioso en la vida y culto de los Israelitas. Con expresiones como estas, Jesús demostró la verdadera naturaleza de su autoridad como Hijo del Hombre, no en un reinado terrenal, sino por medio de su coronación a la diestra del Dios Padre en el cielo.

EL JUICIO ROMANO se efectuó por último en público, frente a la residencia del gobernador. Únicamente Pilato tenía autoridad para decidir tales casos, el esfuerzo de Pilato de emplear la amnistía acostumbrada por escapar de la responsabilidad de condenar a un hombre inocente basandose cargos falsos, fue mal concebida por la multitud. Barrabás probablemente no era cualquier malhechor, sino un líder nacionalista. Por tanto, el juicio manipulado por otros y a la postre entregado por Pilato cuando renuncia a su responsabilidad, se lava las manos y deja en manos de dicha multitud la importante decisión, quienes finalmente la proclaman crucificándole.

La escena final de la crucifixión de Jesús, ocurre en El Gólgota, un lugar donde se hacían ejecuciones con regularidad, ubicada principalmente justo fuera de la ciudad. La crucifixión es acompañada entre otras cosas, de burlas por parte de los soldados romanos donde había brutalidad física ya que tenían a su merced a un "rey judío", contra quien usaban cualquier cosa que les viniere a la mano: el capote rojo de un soldado como ropaje imperial, una caña como cetro real y una corona hecha de espinas, deshonrándole, mientras el yacía en medio de dos ladrones que probablemente eran insurgentes políticos, muere Jesús finalmente (Ver cap. IV). Pero como estaba escrito, desciende a las profundidades de la tierra y predica a los espíritus encarcelados, aquellos que habían desobedecido en los tiempos de Noe; y al tercer día, ocurre **EL ACONTECIMIENTO MÁS GRANDE DE LA HUMANIDAD,** la resurrección de Jesús de entre los muertos.

Luego de **SU ASCENSIÓN** a la diestra del Padre, la iglesia primitiva entendía la fe en el Hijo de Dios relacionándola con Jesús como el Maestro y Profeta por excelencia. Con sus enseñanzas reinterpretó la ley de Moisés y habló con acciones que correspondían al Mesías esperado, proclamando el futuro reino de Dios. La iglesia primitiva asoció su venida y actuó con una autoridad tal que sugería que ocupaba el lugar de Dios en la tierra. En él se cumplieron más de 75 profecías declaradas y esperadas por generaciones durante muchos siglos. (Ver cap. VI).

Jesús dijo en... ***Lucas 22:37*** *Porque os digo que es necesario que se cumpla todavía en mí aquello que está escrito: Y fue contado con los inicuos; porque lo que está escrito de mí, tiene cumplimiento.*

Jesús, entonces hizo extenso su ministerio a los discípulos y manifestó la gran necesidad de llevarlo por todo el mundo; les otorgó autoridad sobre los espíritus inmundos y las enfermedades. Es un encargo específico que consiste en realizar una misión limitada a "las ovejas perdidas", aquellos que no le conocen y nunca han escuchado de él. Después de la resurrección el mensaje y el ministerio de ellos anunciaba paralelamente la resurrección de los muertos y el rescate de los pecadores de las tinieblas a la luz eterna de Jesucristo, dada a todos aquellos que lo reciban y crean en su nombre.

La Biblia dice: *Pero los once discípulos se fueron a Galilea, al monte donde Jesús les había ordenado. Y cuando le vieron, le adoraron; pero algunos dudaban. Y Jesús se acercó y les habló diciendo: Toda potestad me es dada en el cielo y en la tierra. Por tanto, id, y haced discípulos a todas las naciones, bautizándolos en el nombre del Padre, y del Hijo, y del Espíritu Santo; enseñándoles que guarden todas las cosas que os he mandado; y he aquí yo estoy con vosotros todos los días, hasta el fin del mundo. Amén.* **Mateo 28:16-20**

CAPITULO IV

PADECIMIENTOS EN LA CRUZ

El término griego para "cruz" significa en primer lugar, estaca o viga vertical y, en segundo lugar, en el Nuevo Testamento, estaca utilizada como instrumento de castigo y ejecución. El Antiguo Testamento no registra la crucifixión de criminales vivos; las ejecuciones se llevaban a cabo por apedreamiento; sin embargo, ocasionalmente se colgaban cadáveres en los árboles como advertencia. Dichos cadáveres se consideraban malditos, y tenían que quitarse y enterrarse antes de la caída de la noche. Esta práctica explica la referencia en el Nuevo Testamento a la cruz de Cristo como un "madero", símbolo de humillación y vergüenza.

Para la época de Jesús, el propósito de la crucifixión se fundamentaba en infligir el mayor dolor posible al condenado antes que este muriera y así dar un escarmiento a aquellos que se revelaban contra el Imperio Romano. Aparentemente la primera práctica conocida de crucifixión fue realizada por los persas. Alejandro y sus generales la llevaron al mundo Mediterráneo, a Egipto y a Cartago, de donde los romanos la aprendieron. Quienes, por su parte, utilizaron la cruz no solamente como instrumento de tortura y ejecución sino también como picota vergonzosa, reservada para los peores y más bajos criminales. Esta fue la muerte de Jesús y por la cual "Sufrió la cruz, menospreciando el oprobio".

En el momento de una crucifixión y durante la procesión se cargaba un letrero pequeño, indicando el crimen de la víctima, el cual era después clavado a la cruz, en la parte superior sobre la cabeza del crucificado.

A continuación, veremos una breve descripción de los aspectos médicos y los sufrimientos físicos que implicó la crucifixión de nuestro Señor Jesús, y como desde su oración en el huerto de Getsemaní sus padecimientos van incrementándose hasta el punto de su muerte. Aquella oración, donde su agonía no se debía tanto a los padecimientos físicos, sino a la realidad de que todos los pecados y enfermedades de la humanidad vendrían sobre él y sería abandonado por el Padre en momentos de angustia y dolor. Lo sorprendente y hermoso de la Palabra de Dios, es que, desde las profecías descritas en el libro de Isaías, ya se anunciaba, cientos de años atrás; cómo el Mesías sería llevado al matadero y desfigurado hasta el punto de ser irreconocible.

La Biblia dice: Todos nosotros nos descarriamos como ovejas, cada cual se apartó por su camino; mas Jehová cargó en él el pecado de todos nosotros. Angustiado él, y afligido, no abrió su boca; como cordero fue llevado al matadero; y como oveja delante de sus trasquiladores, enmudeció, y no abrió su boca. Isaías 53:6-7

JESÚS SUDA GOTAS DE SANGRE:

Como mencionaba anteriormente, el primer tormento y expresión de intenso dolor comienza en el huerto de Getsemaní, horas antes de ser entregado a sus enemigos, la lucha era tan aterradora al punto que un ángel de Dios se presentó para fortalecerle y confortarlo espiritualmente.

*La Biblia dice: Y se le apareció un ángel del cielo para fortalecerle. Y estando en agonía, oraba más intensamente; y era su sudor como grandes gotas de sangre que caían hasta la tierra.
Lucas 22:43-44*

Esta condición es conocida en la medicina como "hematohidrosis" (sudor de sangre). Es un fenómeno muy raro, pero perfectamente documentado y ocurre en condiciones excepcionales. El Dr. Lebec, en el libro "Le supplice de la Croix, Paris, 1.925" escribe: "consiste en un agotamiento físico acompañado de trastorno moral, consecuencia de una emoción profunda y de un miedo atroz". Es una dilatación y ruptura de los vasos capilares subcutáneos en su punto de contacto con la base de millones de glándulas sudoríparas. Donde la sangre se mezcla con el sudor y se coagula sobre la piel después de la exudación. Esta mezcla de sudor y coágulos se va juntando hasta correr por encima de la piel en cantidad suficiente como para caer al suelo en gotas. Es una hemorragia microscópica que hace que la piel quede lesionada, dolorida y muy sensible a los golpes.

OTROS MALTRATOS

LA BOFETADA:

Ya en la mañana, Jesús, golpeado, lleno de moretones, deshidratado y exhausto por una noche sin dormir, fue llevado desde Jerusalén hasta el pretorio de la fortaleza Antonia, al trono del procurador de Judea, Poncio Pilato. Mientras los escupitajos ardían en su piel, frente al sumo sacerdote, Jesús al contestar a una pregunta fue abofeteado por un alguacil. Algunos comentaristas dicen que la palabra usada por Juan no significaba bofetada sino bastonazo. El Dr. Judica Cordiglia dice: "es una lesión del cartílago de la nariz y la posible desviación de la misma debido a un golpe con un palo corto, cilíndrico de 4 a 5 cm de diámetro" aproximadamente; un golpe a la nariz que fue capaz de desviarla de su plano normal y de lesionar el cartílago; produciendo salida abundante de sangre; a este dolor se suma el hecho que describe el profeta Isaías respecto a cómo los bellos de su barba los mesaban o arrancaban de su piel y los halaban obviamente para lograrlo.

La Biblia dice: "*di mi cuerpo a los heridores, y mis mejillas a los que me **mesaban** la barba; no escondí mi rostro de injurias y de esputos*". *Isaías 50:6*

Entonces el sumo sacerdote rasgó sus vestiduras, diciendo: ¡Ha blasfemado! ¿Qué más necesidad tenemos de testigos? He aquí, ahora mismo habéis oído su blasfemia. ¿Qué os parece? Y respondiendo ellos, dijeron: ¡Es reo de muerte! Entonces le escupieron en el rostro, y le dieron de puñetazos, y otros le abofeteaban, diciendo:

"*Profetízanos, Cristo, quién es el que te golpeó. **Mateo 26:64-66**"*

Cuando Jesús hubo dicho esto, uno de los alguaciles, que estaba allí, le dio una bofetada, diciendo:

"*¿Así respondes al sumo sacerdote?*" *Juan 18b:22*

LA FLAGELACIÓN:

Después que Jesús fue llevado ante Pilato, quien dijo que no encontraba nada malo en Él, fue severamente azotado. ¡Pues la intención de   Pilato era únicamente esa y luego dejarlo ir, pero la insistencia del pueblo con sus gritos "crucifícale!... crucifícale!... pudo má

*La Biblia dice: entonces les soltó a Barrabas; y habiendo azotado a Jesús le entrego para ser crucificado. **Mateo27:26***

Los judíos tenían una ley antigua que prohibía más de cuarenta azotes y contaban treinta y nueve. Así los Fariseos en caso de perder uno en el conteo, estaban seguros de permanecer dentro de lo legal; pero se calcula que Jesús recibió más de 120 de ellos. La flagelación se realizaba metódicamente, uno azote más alto que otro. Con los flagelantes a lado y lado, el cuerpo del reo era cubierto totalmente de azotes sin dejar espacio libre de castigo: tórax, abdomen, brazos y piernas eran flagelados, a excepción de la parte del pecho correspondiente al corazón, que, por la posición del reo, este caía sobre el poste y quedaba protegido.

El látigo con el que flagelaron a Jesús, estaba compuesto básicamente de un bastón con tiras de cuero, cada punta de tira se encontraba llena de pedazos de hueso y pequeñas bolas de plomo en las puntas; lo cual produjo moretones grandes y profundos que se abrieron con los subsecuentes golpes, de tal manera que al flagelarle en su ya sensible piel, cada latigazo arrancaba literalmente pedazos, exponiendo la carne viva y brotando abundante sangre; así el cuerpo de Jesús se vuelve como una sola llaga; herido y sangrante conforme a lo escrito años atrás por el profeta Isaías. (ver imágen).

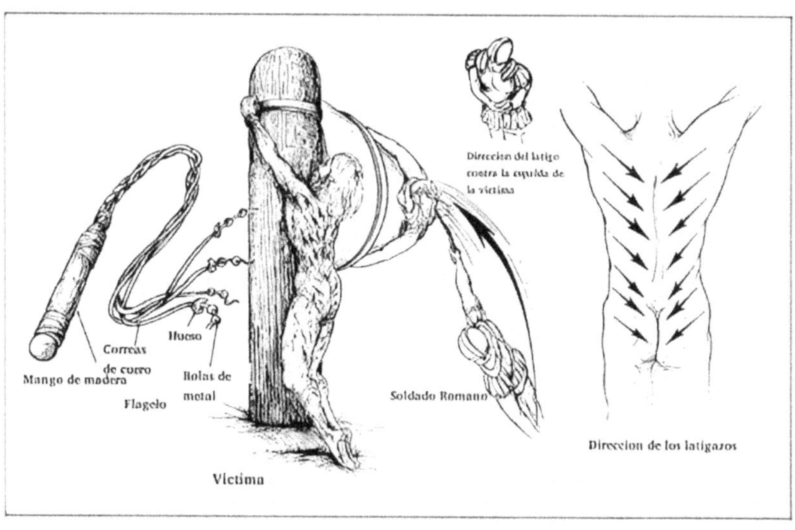

La Biblia dice: Como se asombraron de ti muchos, de tal manera fue desfigurado de los hombres su parecer... **Isaías 52:14...**

*despreciado y desechado entre los hombres, varón de dolores, experimentado en quebranto...***Isaías 53:3....**

Mas él herido fue por nuestras rebeliones, molido por nuestros pecados; el castigo de nuestra paz fue sobre él, y por su llaga fuimos nosotros curados **Isaías 53:5**

Posteriormente y mientras se congregaba toda la corte (de 400 a 600 hombres), le hacen sentar sobre cualquier banco de piedra, le echan a las espaldas una capa corta de color de grana, le encasquetan con fuerza la corona de espinas en la cabeza, la que ya estaba muy adolorida pues estuvo sudando gotas de sangre. Al clavar dicha corona de espinas la golpean con una caña que luego toman para dársela por cetro en la mano derecha para continuar nuevamente con la burla. Al escupirlo y al retirarle el manto su dolor se incrementó mucho más pues los nervios sensibles de la piel quedaron descubiertos.

*La **Biblia dice:** Entonces los soldados del gobernador llevaron a Jesús al pretorio, y reunieron alrededor de él a toda la compañía; y desnudándole, le echaron encima un manto de escarlata, y pusieron sobre su cabeza una corona tejida de espinas, y una caña en su mano derecha; e hincando la rodilla delante de él, le escarnecían, diciendo: ¡Salve, Rey de los judíos! Y escupiéndole, tomaban la caña y le golpeaban en la cabeza. Después de haberle escarnecido, le quitaron el manto, le pusieron sus vestidos, y le llevaron para crucificarle.* **Mateo 27:27-31**

LA CORONA DE ESPINAS:

Jesús, llevado por los soldados al atrio, en el interior del pretorio, hicieron con él lo que se llamaba en aquel tiempo "el juego del rey", era un desahogo brutal de los soldados Romanos. Un juego de azar que terminaba coronándolo con espinas.

Cuando se menciona la corona de espinas, solemos pensar en un cerco de espinas en torno a la cabeza, tal como se nos presenta en las diferentes imágenes tradicionales, pero la frase empleada aquí por Marcos al igual que Juan es: "Plexantes stephanon ex acanthon... epethekan epi tes kefales autou" que significa, "entre tejida una corona de espinas puesta sobre su cabeza". Esta corona era una rama de espinas extraída de una planta local que se entretejía alrededor de la cabeza horizontalmente de la frente a la nuca pasando por encima de las orejas. Las espinas eran largas (normalmente usadas como leña) y fueron trenzadas en forma de corona, que al incrustarse en el cuero cabelludo causaban un sangrado abundante, pues el cuero cabelludo es una de las áreas más vascularizadas del cuerpo con la mayor cantidad de vasos sanguíneos. (ver imágen).

corona similar a la usada

CAMINO A LA CRUZ

Era costumbre que el reo cargara con el madero hasta el lugar de la crucifixión. Se cree que ese madero era el travesaño horizontal de la cruz y que su peso era aproximadamente de 55 Kilos. Fue forzado a cargarlo sobre su ya desgarrada y sangrienta espalda por un tramo de distancia de unos 600 metros aproximadamente hacia el Calvario; sobre un terreno pedregoso, con subidas y bajadas, en donde tuvo que intervenir con su ayuda Simón de Cirene. Los evangelios no mencionan nada sobre caídas durante su trayecto, pero de ser así es posible que ambas rodillas estuvieran heridas por las violentas caídas sobre ese terreno.

LA CRUCIFIXIÓN

Al llegar a la cima del monte calvario los soldados despojaron violentamente a Jesús de sus vestidos. Entre ellos la túnica que estando pegada a la superficie desnuda de su cuerpo arrastró consigo una de las innumerables terminaciones nerviosas, puestas ya al descubierto en la llaga que formaba su cuerpo. Generando millares de choques dolorosos que se sumaron y se multiplicaron, aumentando cada vez más la sensibilidad de su sistema nervioso. La sangre corrió de nuevo y al ser derribado al suelo la llaga de su dorso, muslos y pantorrillas se llenan de polvo y arena.

Para los romanos la muñeca es considerada parte de la mano y se sabe que Jesús fue clavado por la muñeca para evitar que los clavos se salieran de sus manos con el peso de su propio cuerpo en la cruz. Lo que produce desquebraja miento de los nervios ubicados entre los huesos metatarsianos de los pies; pues mientras los brazos se fatigan, grandes olas de calambres pulsan sobre sus músculos contrayéndolos en un dolor palpitante y persistente, calambres que le retuercen las coyunturas, mientras el tejido fino de su espalda se desgarra contra la áspera cruz.

Jesús no ha emitido ningún grito, pero su rostro se ha con traído horriblemente por la intensidad del castigo. Su pulgar, con un movimiento violento se ha doblado sobre la palma colocándose en oposición a los otros dedos, debido a que su nervio mediano ha sido herido. Un dolor intenso e indescripble se ha apoderado de sus dedos, saltando como un dardo de fuego hasta su espalda y estallando en su cerebro. Es el dolor más insoportable que un ser humano puede experimentar al producirse la lesión en un tronco nervioso. Después de ser clavado Jesús fue levantado cumpliéndose así su profecía.

> **La Biblia dice:** *"y si yo fuese levantado de la tierra, a todos atraeré a mí mismo. Y decía esto dando a entender de qué muerte iba a morir. **Juan 12:32**...y fue contado con los pecadores, habiendo el llevado el pecado de muchos, y orado por los transgresores".* **Isaías 53:12**

EN AGONÍA

Muy pronto Jesús comenzó a tener dificultad para respirar. Esto era propio de los crucificados. Como mencione anteriormente, el diafragma muscular que se mueve para que pueda respirar al contraer y relajar los pulmones, se queda en posición de inhalación haciendo casi imposible exhalar el aire tomado. La única manera era apoyándose en los clavos de los pies y en las muñecas para poder exhalar el aire y luego comenzar de nuevo. Poco a poco le fueron faltando las fuerzas, y las alternativas de elevación y descensos sucesivos se volvieron más breves y frecuentes. Así pasaron 3 horas y a la hora novena (como las 3 de la tarde), Jesús clamo a gran voz, diciendo: Eloi, Eloi, lama sabactani? Que traducido es: Dios mío, Dios mío, porque me has desamparado? El solo hecho de que Jesús hubiese quedado desamparado causaría en Él una gran angustia y lo declaró porque en realidad fue. Así en ese momento Dios el Padre lo había abandonado pues "Dios es luz y en Él no hay ningunas tinieblas". Él no puede ver lo inmundo que hay en el pecado y es entoncescuando, por primera vez en su vida Jesús se sintió completamente alejado del Padre y sin su estrecha comunión cargando sobre él todos los pecados de la humanidad.

El MOMENTO DE LA MUERTE

Era la costumbre de los romanos el quebrantarles las piernas a los reos crucificados; confirmando de esta manera si estaban vivos al final de la tortura. Al quebrantarles los huesos ya no podían respirar y morían asfixiados. En el caso de Jesús, vieron que estaba muerto y no tuvieron que quebrantarle los huesos de sus piernas. Nuevamente se da cumplimiento a la profecía:

> **La Biblia** *dice: el guarda todos sus huesos; ni uno de ellos será quebrantado. **Salmo 34:20**…Cuando Jesús hubo probado el vinagre, dijo: consumado es…* **Juan 19:30**.

Y consumada fue su obra; obra que el Padre le había encomendado de redimir al mundo de pecado, todas las profecías sobre Él se habían cumplido. Es decir, había cumplido el propósito de su venida. Ahora era tiempo de morir, y es el Cristo quien entrega su espíritu y solamente él decide el momento y el segundo de su muerte.

Después de muchas horas de agonía, su cuerpo había perdido mucha sangre; de manera que el corazón al no tener la suficiente sangre para bombear, la poca que queda se espesa; el suero se separa de los glóbulos rojos y una membrana alrededor del corazón llamada el pericardio, se llena de líquido que comprime el corazón. En los momentos finales, algunos médicos creen que Jesús muere de una pericarditis, que es la ruptura del pericardio por inflamación. Es como si su corazón hubiese explotado literalmente, y se confirma en el instante que el soldado traspasa su costado con la lanza.

> **La Biblia** *dice: pero uno de los soldados le abrió el costado con una lanza, y al instante salió sangre y agua…***Juan 19:34**…*y miraran a mí, a quien traspasaron…* **Zacarías 3:10**

La cruz es entonces, la maravilla suprema del amor de Dios al hombre. Es aquella que muestra la gravedad del pecado, es el símbolo de nuestra unión con Cristo y no simplemente en virtud de que seguimos su ejemplo sino en virtud de lo que él ha hecho por nosotros y en nosotros. Por su muerte sustitutiva en la cruz nosotros morimos "en Él", y "nuestro viejo hombre fue crucificado juntamente con él" para que, por medio de su Espíritu, que mora en nosotros pudiésemos andar en vida nueva, permaneciendo "en él".

Y todo este padecimiento, el Señor lo hizo por amor… solo por amor a ti y a mí. Para que aquel que lo cree, lo acepte y lo reciba como su Señor y Salvador. Y no se pierda en una muerte eterna de tinieblas, sino que tenga vida eterna en luz con Cristo, junto al Dios Todopoderoso, el Padre de las luces.

> ***La Biblia dice*** : *Porque no envió Dios a su Hijo al mundo para condenar el mundo,sino para que el mundo sea salvo por él. El que en él cree, no es condenado; pero el que no cree, ya ha sido condenado, porque no ha creído en nombre del únigenito Hijo de Dios .* **Juan 3:16:17-18**

Aunque Jesús murió, la noticia más maravillosa es que **AL TERCER DÍA RESUCITÓ.** Su tumba está vacía. Él venció la muerte para darnos vida, venció el pecado para que pudiéramos acercarnos a Dios. Llevó su depresión, tu tristeza, tu dolor, tu angustia, tu desesperación, tus enfermedades, tu pobreza y escasez, lo que el Diablo había decretado sobre su vida, lo clavó en la cruz para darte paz, una paz que sobrepasa todo entendimiento humano, llena de esperanza en esa vida eterna. Es ahora que, en Cristo resucitado podrás realmente experimentar el verdadero amor y la paz que hasta ahora no has obtenido.

> ***La Biblia dice:*** *Y a vosotros, estando muertos en pecados y en la incircuncisión de vuestra carne, os dio vida juntamente con él, perdonándoos todos los pecados, anulando el acta de los decretos que había contra nosotros, que nos era contraria, quitándola de en medio y clavándola en la cruz, y despojando a los principados y a las potestades, los exhibió públicamente, triunfando sobre ellos en la cruz.* **Colosenses 2:13-15**

CAPITULO V

EVENTOS POSTERIORES

Y he aquí, el velo del templo se rasgó en dos, de arriba abajo; y la tierra tembló, y las rocas se partieron; y se abrieron los sepulcros, y muchos cuerpos de santos que habían dormido, se levantaron; y saliendo de los sepulcros, después de la resurrección de él, vinieron a la santa ciudad, y aparecieron a muchos. El centurión, y los que estaban con él guardando a Jesús, visto el terremoto, y las cosas que habían sido hechas, temieron en gran manera, y dijeron: Verdaderamente éste era Hijo de Dios. **Mateo 27: 51-54**

Vislumbrar el verdadero significado espiritual de la muerte de Jesús, nos lleva a conocer la repercusión profunda de las palabras que se estaban cumpliendo en este trascendental acontecimiento que marcaba la historia de la humanidad. Y sucedía en el Gólgota, un lugar donde se realizaban ejecuciones con regularidad, ubicado fuera de la ciudad, probablemente en el sitio donde actualmente se encuentra la Iglesia del Santo Sepulcro. Los soldados como observadores neutrales durante su turno de guardia, presenciaban una terrible experiencia, la muerte de Jesús. Una muerte que servía también como una advertencia a malhechores y líderes nacionalistas aspirantes de la época que pretendieran sublevarse contra el imperio.

Mientras Jesús seguía con vida sobre la cruz, desde el mediodía hasta las 3 de la tarde, **LA OSCURIDAD** se apoderó extrañamente de ese territorio, como una señal del desagrado departe de Dios el Padre. En ese instante se escucha el grito extraordinario y agónico de Jesús que parece revelar la profundidad de su sufrimiento al dar su vida en rescate por muchos.

Cuando Jesús dice: Elí, Elí, ¿lama sabactani? Esto es: Dios mío, Dios mío, ¿por qué me has desamparado? "**Mateo 27:46b**

Sus palabras mencionan el termino *Elí*, que significa "mi Dios" con el que reconoce la verdadera ausencia del Padre que abandona a su Hijo, al no poder contemplar la abundancia de pecados que sobre él pesaban. Pecados que, aunque no eran suyos los cargaba por cada uno de nosotros en esa cruz.

El hecho de que hubiese oscuridad en la tierra mientras Jesús moría en su cuerpo físico y posteriormente resucitaba en un nuevo cuerpo espiritual, nos abre también la puerta para identificar cómo, por su muerte, pasamos de un mundo "en oscuridad" a una nueva vida de luz en Cristo. Y que continúa a la fecha sucediendo cuando recibimos a Jesús como nuestro Señor y salvador. La luz verdadera que nos guía por nuestro camino de vida terrenal, a su mismo lugar celestial.

LA LUZ aquí es un término relacionado con el gozo, la bendición y la vida, que forma un contraste con el dolor, la adversidad y la muerte de Jesús, que había sucedido minutos antes. En tiempos primitivos la luz ya significaba la presencia, el favor de Dios, su santidad, el lugar en donde habita Dios Todopoderoso cubierto por su "luz inaccesible". Pero en el Evangelio de Juan el término luz se refiere, no tanto a la santidad de Dios, sino a la revelación de su amor en Cristo y la sutileza de dicho amor en aquellas vidas entenebrecidas por el pecado. Es así que Cristo se refiere a sí mismo como "la luz del mundo" expresión que explica a sus discípulos en el Sermón del monte. De manera semejante, el apóstol Pablo se refiere a "la luz del evangelio de la gloria de Cristo", y a Dios mismo como el que "resplandeció en nuestros corazones"; como una luz que limpia y alumbra nuestro caminar como creyentes.

> *La Biblia dice: El cual nos ha librado de la potestad de las tinieblas, y trasladado al reino de su amado Hijo, en quien tenemos redención por su sangre, el perdón de pecados. **Colosenses. 1:13-14***

Observe como en este versículo se enfatiza el cambio notable que Dios Padre trae en el día de conversión, a quienes han pasado de la oscuridad del mundo, a la Luz de Cristo. Pero también revela cómo otros, han estado y permanecen bajo el control del maligno y su terrible dominio: que es la autoridad de las tinieblas. Es un estado que se describe a aquellos que se encuentran: separados de Dios, hostiles a él y hacedores de maldad. Reitero, pero a quienes reconocen a Jesús, arrepienten de su pasada manera de vivir, los hace libres de esa tiranía de las tinieblas. Libres de la esclavitud del pecado y trasladados a su reino de luz donde su Hijo amado es el Rey.

> *La Biblia dice: Este es el mensaje que hemos oído de él, y os anunciamos: Dios es luz, y no hay ningunas tinieblas en él. **1 Juan 1:5***

En el templo, las telas azuladas y los accesorios de oro eran símbolos de realeza. La estructura rectangular era dividida por una cortina en dos cuartos, una siendo el doble en tamaño que la otra. En la más pequeña era puesta el arca del testimonio. Porque imaginaban a Dios sentado ahí, entronizado entre los querubines, esta parte se llamaba el lugar santísimo.

Hasta que **EL VELO DEL TEMPLO FUE RASGADO** en dos de arriba abajo; este era un enorme velo en el templo que separaba totalmente el lugar santo del lugar santísimo. En el templo, las telas azuladas y los accesorios de oro eran simbolos de la realeza. El área rectangular que conformaba el templo era dividida por una cortina en dos cuartos, una siendo el doble en tamaño que la otra. En la más pequeña se colocaba el arca del testimonio. Porque imaginaban a Dios sentado ahí, entronizado entre los querubines, esta parte se llamaba el lugar santísimo. De modo que la destrucción del velo no fue sólo un acto de poder divino, pues fue de arriba hacia abajo, del cielo a la tierra; presagiando la destrucción mayor por venir, mostrando que ya no había santidad en los sacerdotes que allí entraban, y permitiéndonos el acceso directo a Dios por medio de la muerte de Jesús, ofrecida a todo aquel que lo reconoce como el sumo sacerdote prometido según el orden de Melquisedec. Jesús, nuestra esperanza eterna, ha llegado a ser la "garantía" de las bendiciones del nuevo pacto, aquel fundador que nos abrió el camino hacia la esperada meta alcanzada. Y que ahora ha entrado al santuario y permanece allí como ancla, segura y firme. Este camino continúaabierto para todos nosotros y para todo aquel que cada día sigue llegando a sus pies confiadamente.

> **La Biblia dice:** *Así que, hermanos, teniendo libertad para entrar en el Lugar Santísimo por la sangre de Jesucristo, por el camino nuevo y vivo que él nos abrió a través del velo, esto es, de su carne, y teniendo un gran sacerdote sobre la casa de Dios, acerquémonos con corazón sincero, en plena certidumbre de fe, purificados los corazones de mala conciencia, y lavados los cuerpos con agua pura. Mantengamos firme, sin fluctuar, la profesión de nuestra esperanza, porque fiel es el que prometió. Y considerémonos unos a otros para estimularnos al amor y a las buenas obras;* **Hebreos 10:19-24**

HUBO UN GRAN TERREMOTO, que como sabemos es un temblor fuerte de la tierra producido por asentamientos de la superficie terrestre. Pero de alguna manera un terremoto como el acontecido en la época de Jesús, nos ilustra el poder y el juicio de Dios sobre los pecadores que lo niegan. En la historia bíblica los terremotos o los fenómenos que se asocian a ellos se registran en distintos períodos, y han sido comprobados en algunas excavaciones realizadas en el monte

Sinaí, como los sucedidos al momento de promulgarse la ley, en los días de Saúl, de Elías, de Uzías. Terremotos acompañados de grietas en la tierra como el que destruyó a Coré y sus compañeros, donde la tierra se abre y el pueblo de Coré es tragado por ella. Un acontecimiento similar puede haber tenido que ver con la destrucción de Sodoma y Gomorra hundiendo la costa sur del mar Muerto.

Ciertos pasajes igualmente proféticos usan la imagen del ter remoto para referirse a la aparición de Dios en juicio. Además, es un fenomeno natural mencionado y descrito en los horrores del Apocalipsis como parte del fin del mundo.

En el Nuevo Testamento, los terremotos aparecen como manifestaciones milagrosas, como el que ocurrió en ocasión por la muerte y resurrección de Jesús, o el que se produjo para la liberación de Pablo y Silas de la cárcel en Filipos, el cual aparece como una respuesta sobrenatural a la sesión nocturna de adoración por parte de ellos. Otro gran acontecimiento que manifiesta este tipo de fenómenos naturales se sucede cuando un Ángel de Dios aparece sentado sobre la piedra del sepulcro de Jesús. Y El terremoto más sorprendente sucede en el momento de la crucifixión que se describe además con manifestaciones milagrosas.

Aún en la actualidad existen muchas referencias a esta terrible forma de calamidad natural que la asociamos con ese gran poder super-sobrenatural de Dios. Que más adelante se manifestará cuando se vacíe la séptima copa, y el trono y el templo del cielo se unan para decir: ¡Hecho está! El misterio de Dios ha concluido…

La Biblia dice: El séptimo ángel derramó su copa por el aire; y salió una gran voz del templo del cielo, del trono, diciendo: Hecho está. Entonces hubo relámpagos y voces y truenos, y un gran temblor de tierra, un terremoto tan grande, cual no lo hubo jamás desde que los hombres han estado sobre la tierra.
Apocalipsis 16:17

LAS ROCAS SE PARTIERON literalmente, pero llevándolo a una interpretación espiritual para los que se acercana la cruz de Jesús, significa que Dios quebró corazones de piedra, corazones duros que se resistieron por largo tiempo a ceptarlo como el dueño de sus vidas, pero que al ser quebrantados como "rocas" se convierten en corazones nuevos con un espíritu nuevo. Estas son personas excepcionales que han cambiado a la ciudadania del cielo, después de haber experimentado un quebrantamiento necesario; por lo que ahora cuentan con un corazón que se encuentra en paz con Dios.

Este quebrantamiento es una señal de su verdadero arrepentimiento y permite escuchar las palabras de un corazón guiado por su Santo Espíritu y no por los impulsos propios de su entendimiento. Son corazones que Dios oye, corazones arrepentidos verdaderamente y no las apariencias externas, o palabras hermosas que emanan de alguna persona queriéndole agradar, pues él no mira lo que nosotros vemos, él ve sus corazones. A diferencia de aquellos corazones "engrosados" u "orgullosos" que son dificiles de romper ; por falta de una actitud sana y humilde hacia Dios. Lo será también para todos aquellos cuyo corazón aún es como "de piedra", y que no se someten a la voluntad de su creador.

> **La Biblia dice:** *Y les daré un corazón, y un espíritu nuevo pondré dentro de ellos; y quitaré el corazón de piedra de en medio de su carne, y les daré un corazón de carne, para que anden en mis ordenanzas, y guarden mis decretos y los cumplan, y me sean por pueblo, y yo sea a ellos por Dios.* **Ezequiel 11: 19-20**

Con una oración sincera, cualquier persona que pide a Dios que examine y conozca su corazón, que lo limpie y sea convertido de la ley externa del mundo, a su Palabra "escrita en su corazón"; Él lo hará, lo purificará y le dará una nueva vida en el perdón, el amor, la justicia y la santidad.

Veamos un poco más lo que significa el término corazón en las escrituras: Para la filosofía griega este se emplea bíblicamente de diferentes maneras, refiriéndose a la parte central de las cosas, y muy poco al órgano físico como tal. Tampoco es usado para distinguir los procesos racionales. En cambio, para mientras que para los hebreos el significado de corazón, lo señalan como los órganos internos en general o "las entrañas", que trataban esencialmente del hombre completo, con todos sus atributos, físicos, intelectuales, y psicológicos. Lo que muestra una falta de definición fisiológica precisa y típica del pensamiento hebreo.

Concluyendo con esto, para los hebreos, el corazón se concebía como el centro que lo gobernaba todo; pero si lo analizamos de otra manera en realidad el corazón es el que hace que el hombre, o la bestia, sean lo que son, quien gobierna así todas sus acciones admitiéndo esta como la definición más acertada que podemos usar. Por otro lado, para el ser humano espiritual, el corazón es el significado de una persona que busca a un Dios Todopoderoso, lo cual es a lo que hace referencia entre otros términos las cartas del Nuevo Testamento.

Así es que en el Antiguo Testamento llega a su punto culminante este término cuando se comprende que hace falta un cambio profundo de corazón en la vida del hombre, y esto, naturalmente, se cumple en el Nuevo Testamento. Como dijo Jesús en el sermón del monte; "son los puros de corazón los que verán a Dios". Y cuando Jesucristo mora en el corazón de cada creyente por la fe, es el momento en el que los santos pueden comprender el amor verdadero y puro de Dios en su propia vida.

> ***La Biblia dice:*** *para que habite Cristo por la fe en vuestros corazones, a fin de que, arraigados y cimentados en amor, seáis plenamente capaces de comprender con todos los santos cuál sea la anchura, la longitud, la profundidad y la altura, y de conocer el amor de Cristo, que excede a todo conocimiento, para que seáis llenos de toda la plenitud de Dios.* **Efesios 3:17-19**

Por ello, el corazón del hombre es fuente de todos los deseos, y por ende debe ser guardado del mundo y de los deseos que día a día lo atacan. Así como el maestro procura encaminar el corazón del alumno hacia el buen camino, así nuestro Dios quiere hacerlo mediante su Palabra escrita. E ahí la importancia de no solamente leerla, aprenderla y guardarla en el corazón, sino también ponerla en práctica, que es en definitiva el objetivo fundamental.

> ***La Biblia dice:*** *Sobre toda cosa guardada, guarda tu corazón; Porque de él mana la vida.* **Proverbios 4:23**

Otro evento súper-sobrenatural que revela lo sucedido en el monte de los Olivos, fue cuando **SE ABRIERON LOS SEPULCROS Y LOS SANTOS QUE DORMÍAN SE LEVANTARON.** El efecto de levantarse sugiere que la resurrección de muchos cuerpos de hombres santos que habían muerto en los últimos tiempos del Antiguo Testamento, haya encontrado sus comienzos en la resurrección de Jesús; acontecimiento que se manifiesta como el preámbulo de la resurrección para los que ahora moriremos en Cristo y que comienza también con Jesús. Este acontecimiento marca a su vez "la resurrección espiritual para aquellos que estábamos muertos en delitos y pecados y ahora vivos espiritualmente por su gracia, habitamos hoy por hoy entre los muertos espirituales que están alejados de Dios y que se mantienen aún en el mundo.

Al respecto, Pedro da once razones para alabar y adorar a Dios, entre ellas: que Dios Padre nos ha dado el nuevo nacimiento "la primera resurrección de entre los muertos", de la que Jesús habló cuando dijo:

*"Lo que es nacido de la carne, carne es; y lo que es nacido del Espíritu, espíritu es. No te maravilles de que te dije: Os es necesario nacer de nuevo. El viento sopla de donde quiere, y oyes su sonido; mas ni sabes de dónde viene, ni a dónde va; así es todo aquel que es nacido del Espíritu". **Juan 3: 6-8**

Evento en el que, nuestro Dios muestra su gran misericordia al hombre, con el resultado de una esperanza viva cuyo objeto es una herencia eterna; una herencia que no puede ser destruida por elementos hostiles, ni puede ser contaminada por lo externo del mundo y menos aún podrá marchitarse por el desgaste interior del hombre. Ya que esta herencia ha sido guardada en los cielos para nosotros; y actualmente contamos con ella usando el escudo de la fe, " guardado en cada corazón como en una fortaleza militar", y que viene del poder mismo de Dios. Desde donde nos aferramos a sus promesas, para la meta final que es una salvación revelada para los últimos tiempos por Jesús desde la cruz del calvario, a todo hombre que ha nacido sobre la tierra.

*La Biblia dice: quien llevó él mismo nuestros pecados en su cuerpo sobre el madero, para que nosotros, estando muertos a los pecados, **vivamos** a la justicia; y por cuya herida fuisteis sanados. **1 Pedro. 2:24***

Al morir Jesús **FUE RECONOCIDO POR LOS SOLDADOS GENTILES COMO EL HIJO DE DIOS.** Mateo, tiene la intención en su carta, de que sus lectores reconozcan que esta era una reacción verdadera a lo sucedido. Pero que una vez más se requirió de un gentil para ver lo que los judíos no podían ver, sin importar lo poco que los soldados comprendieran o lo que dijeran en su momento.

Una de las enseñanzas importantes que nos deja aquella afirmación donde los soldados reconocen al Hijo de Dios, es que pretende motivar a cada creyente para que el mundo conozca por su testimonio que realmente es el Hijo de Dios y que relacione su venida y su testimonio con el de su iglesia, el cuerpo de Cristo, al contemplarlo de manera "diferente" cuando se mezcló con el mundo y sus mundanalidades; que cuando lo aceptan en sus vidas puedan ver que llevan en su corazón y en su caminar diario, la maravilla de la luz verdadera de Cristo, ojalá desde el mismo momento en que han nacido de nuevo.

Antes de la venida de Cristo al mundo y de él, a nuestras vidas, ciertamente andábamos en tinieblas, pero ahora, con Cristo seguimos nuestro peregrinar por esta tierra guiados por su Luz verdadera, la principal fuente de luz para todo creyente.

Por otro lado, al referirme anteriormente a la palabra mundo, lo hago con un enfoque a algo más que el mundo creado; como el término usado por el apóstol Juan que abarca con amplitud, tanto a los creyentes como a los seres que se oponen a Dios. De hecho, en el evangelio de Juan hay una distinción clara entre los que creen y el mundo que no cree. La afirmación que aparece en uno de sus pasajes donde dice "que el mundo no le conoció" enfatiza aún más cómo en la mente de Juan no hay opción para con ellos. Para unos, es la responsabilidad moral sobre los que rechazan la Luz Verdadera que es Jesucristo El Hijo de Dios, y para otros, corresponde a quienes lo deben compartirlo y enseñarlo a toda criatura hecha a su imagen y semejanza.

La Biblia dice: En el mundo estaba, y el mundo por él fue hecho; pero el mundo no le conoció. A lo suyo vino, y los suyos no le recibieron. Mas a todos los que le recibieron, a los que creen en su nombre, les dio potestad de ser hechos hijos de Dios.
Juan 1:10-12

Es sorprendente ver como todos estos eventos sobrenaturales que hemos leído, causaron terror y asombro en su momento, no solo en los soldados gentiles, sino, también a los asistentes a la crucifixión que por fin reconocían que verdaderamente estaba allí el Hijo de Dios. Y que hoy en día, para todos los que "contemplan esa cruz" y reconocen su resurrección, este mensaje sigue llevando un profundo mensaje para el mundo actual; más aún a aquellos no creyentes que por generaciones enteras el título "Hijo de Dios" les suena extraño y que posiblemente con su actitud y rechazo a la obra de la cruz se han unido a las burlas de los judíos y soldados de aquella época.

Es importante resaltar como de manera asombrosa y de una manera exacta, Jesús cumplió más de 75 profecías, profecías que solo Jesús como Dios encarnado pudo haber cumplido; algunas profecías en las que tuvieron que pasar más de quinientos años para ser cumplidas, y en solo veinticuatro horas con extraordinaria precisión Jesús la cumplió. Es el caso de las siguientes tres:

1.- EL MESÍAS NACERÍA EN BELÉN.

Profecía: *"Pero tú, **Belén**, Efrata, pequeña para estar entre las familias de Judá, de ti, me saldrá el que será Señor en Israel; y sus salidas son desde el principio, desde los días de la eternidad".* ***Miqueas 5:2***

El profeta Miqueas predice que el Mesías necería en Belén, una pequeña provincia de la región de Judá. Es así que Belén se convierte en el lugar de origen humilde, donde nace el que será la cabeza de la iglesia y de quien su existencia es eterna. En el evangelio de Mateo y de Lucas se relata que Jesús nació en Belén, lo que nos reconfirma el cumplimiento de esta antigua profecía.

Cumplimiento: *"Cuando Jesús nació en **Belén** de Judea en días del rey Herodes, vinieron del oriente a Jerusalén unos magos"* ***Mateo 2:1***.

2.- EL MESÍAS SERÍA LLAMADO EMANUEL.

Profecía: *"Por tanto, el Señor mismo os dará señal: He aquí que la virgen concebirá, y dará a luz un hijo, y llamará su nombre **Emanuel**".* ***Isaías 7:14***

Este es un versículo que combina a una madre virgen y un nombre designado siglos atrás antes de su cumplimiento: Emanuel, el cual tiene implicaciones marcadas y profundas acerca de quién es esta criatura, quien es el mismo Dios encarnado.

Cumplimiento: *"He aquí, una virgen concebirá y dará a luz un hijo, Y llamarás su nombre **Emanuel**, que traducido es: Dios con nosotros".* ***Mateo 1:23***

3.- EL MESÍAS NACERÍA DE UNA VIRGEN.

Profecía: *"Por tanto, el Señor mismo os dará señal: He aquí que **la virgen** concebirá y dará a luz un hijo, y llamará su nombre Emanuel"* ***Isaías 7:14***.

Esta expresión, "llamará su nombre" significaba que había sido elegida por la gracia de Dios para tener un hijo cuyo nombre sería Jesús, equivalente al hebreo. "Josué" y significa "Salvador". Sería un rey en la línea de David y sería llamado Hijo de Dios, y gobernaría para siempre.

Cumplimiento: *"He aquí, una **virgen** concebirá y dará a luz un hijo,*

Y llamarás su nombre Emanuel, que traducido es: Dios con nosotros. Y despertando José del sueño, hizo como el ángel del Señor le había mandado, y recibió a su mujer". **Mateo 1:23- 24**

Y esta cita es uno de los ejemplos más claros de cómo Mateo conecta la vida y el ministerio de Jesús con las profecías del Antiguo Testamento. Pero como si fuera una salida magistral de este planeta, Jesús, al ascender al cielo promete a todos sus discípulos:

Lucas 24: 46-49 *Así está escrito, y así fue necesario que padeciese, y resucitase de los muertos al tercer día; y que se predicase en su nombre el arrepentimiento y el perdón de pecados en todas las naciones, comenzando desde Jerusalén. Y vosotros sois testigos de estas cosas. He aquí yo* **enviaré la promesa** *de mí Padre sobre vosotros; pero quedaos vosotros en la ciudad de Jerusalén, hasta que seáis investidos de poder desde lo alto.*

Y la promesa se cumple cuando pocos días después de su ascención, Jesús envía al consolador, al Espíritu Santo quien reviste de poder a todos los reunidos en el aposento alto.

Hechos 2:3-4 *"y se les aparecieron lenguas repartidas, como de fuego, asentándose sobre cada uno de ellos. Y fueron todos llenos del* **Espíritu Santo***, y comenzaron a hablar en otras lenguas, según el Espíritu les daba que hablasen.*

Fue este grandioso día cuando Jesús, consolida completamente en nosotros su propósito y su cumplimiento, y nos guarda en la esperanza de aquella promesa próxima a cumplirse:

"…Ciertamente vengo en breve…" **Apocalipsis 22-20**

Hoy es nuestra responsabilidad como discípulos de Jesús, que otros igualmente vean, ya no la cruz, sino que reciban un Cristo resucitado que estuvo en esa cruz por amor y que desea habitar en los corazones e quienes lo reconozcan como el Hijo de Dios y el Señor de sus vidas.

Jesús dijo: *"Porque de cierto os digo que hasta que pasen el cielo y la tierra, ni una jota ni una tilde pasará de la ley, hasta que todo se haya cumplido".* **Mateo 5:18**

CAPITULO VI

TU MEJOR COMPAÑIA

Jesús dijo:

> *Yo soy la resurrección y la vida; el que cree en mí, aunque esté muerto, vivirá. Y todo aquel que vive y cree en mí no morirá eternamente. ¿Crees esto?* **Juan 11: 25-26**

> *Os he dicho estas cosas estando con vosotros. Mas el Consolador, el Espíritu Santo, a quien el Padre enviará en mi nombre, él os enseñará todas las cosas, y os recordará todo lo que yo os he dicho.* **Juan 14:25-26**

Retomando unas líneas del capítulo anterior, recordamos como previo a la crucifixión, Jesús advierte a los discípulos sobre su partida, teniendo plena certeza que ellos necesitarían ayuda para continuar la misión de llevar el reino de Dios y sus Palabras a toda nación. Por lo que les promete entonces no dejarlos solos, sino enviarles al Consolador, al **Espíritu Santo**, la tercera persona de la Trinidad, alguien destinado y dado por Dios Padre a nosotros para estar siempre con ellos y en ellos, al igual que en adelante con todos nosotros los discípulos de Jesucristo.

El Espíritu Santo, es hoy nuestro ayudador, nuestra guía, nuestra fortaleza, nuestro consejero, la persona de Dios que se sugiere, hará lo que Jesús mismo estuvo haciendo durante su ministerio; manifestando sanidad a los creyentes, glorificando el nombre de Jesucristo y trayendo a nuestra mente su Palabra, recordándonos lo que hemos de hablar o predicar cuando testificamos de su amor, poder, fidelidad y gloria; pero esto lo hace y lo hará por medio de aquellos que se disponen a mantener su comunión con él y a hacer su obra.

Es aquel a quien después de la partida de Jesús, los discípulos esperan reunidos por primera vez la manifestación del Espíritu Santo en medio de ellos, y tambien por primera vez para la humanidad. Y es así como el día de Pentecostés, un día en el que se celebraba el festival más importante en la religión judía, conocida también como "La fiesta de las semanas" donde se exaltaban la cosecha de trigo y cierta tradición judía que también la asociaban con la entrega de la ley y la renovación del pacto, día en que El Espíritu Santo cayó sobre todos los apóstoles y discípulos, quienes como señal comienzan a hablar en diferentes lenguas estañas que jamás habían hablado.

> **La Biblia dice:** *Cuando llegó el día de Pentecostés, estaban todos unánimes juntos. Y de repente vino del cielo un estruendo como de un viento recio que soplaba, el cual llenó toda la casa donde estaban sentados; y se les aparecieron lenguas repartidas, como de fuego, asentándose sobre cada uno de ellos. Y fueron todos llenos del Espíritu Santo, y comenzaron a hablar en otras lenguas, según el Espíritu les daba que hablasen.* **Hechos 2:1-4**

Es en este instante en que, para los discípulos, su fe se "convierte plenamente en una fe cristiana", de modo que la promesa del evangelio a los primeros creyentes cristianos se centra en el Espíritu, y en otros asuntos Cristo céntricos, que evidentemente se consideran el factor crucial en el que se pone de manifiesto la aceptación de Jesús como Dios por aquellos que reciben y aceptan su sacrificio en la cruz del calvario.

> **La Biblia dice:** *el misterio que había estado oculto desde los siglos y edades, pero que ahora ha sido manifestado a sus santos, a quienes Dios quiso dar a conocer las riquezas de la gloria de este misterio entre los gentiles; que es Cristo en vosotros, la esperanza de gloria* **Colosenses 1:26-27**

Sin duda alguna, para todos los hijos de Dios es un gran privilegio ser bautizados en el Espíritu Santo y hablar en lenguas; pero el mensaje que este pasaje desea transmitir no es otro que el misterio de Dios, su "secreto revelado" y antes escondido, pero que ahora sale a la luz siendo predicado y desde entonces transmitido alrededor del mundo por todos aquellos que reciben a Cristo como su Señor y salvador; que es "Cristo en nosotros y por nosotros" manteniendo y dándonos la seguridad y la esperanza ciertísima de una vida eterna a su lado.

Podemos discernir también, por medio de las Escrituras que el ministerio de Pablo fue una comisión dada por Dios según su plan evangelístico, donde a Pablo "como mayordomo" de los nuevos creyentes, le fue confiada esta misión, en la que no tenía la posibilidad de renunciar debido a su gran responsabilidad.

Hoy por hoy, todos como administradores de los misterios

de Dios que esperan ser hallados dignos de confianza ante el Padre, continúan con este legado contribuyendo en el cumplimiento de los propósitos salvíficos de Dios para la humanidad; enseñando la magnificencia de este gran misterio, que forma parte del carácter de Dios y va acompañado de bendiciones para todas las naciones gentiles que lo creen y lo aceptan.

*La Biblia dice: Mas a todos los que le recibieron, a los que creen en su nombre, les dio **potestad** de ser hechos hijos de Dios; los cuales no son engendrados de sangre, ni de voluntad de carne, ni de voluntad de varón, sino de Dios **Juan 1:12-13***

Ahora, como miembros del cuerpo de Cristo o también templos de su Espíritu Santo y a su vez templos con nuestro propio espíritu, Él mora en nosotros por medio de nuestro espíritu, medio por el cual Dios se comunica con nosotros. De otra manera diríamos, nuestro espíritu es el que recibe dirección del Espíritu Santo y luego la transmite a nuestra mente por una intuición o testimonio interior. Recuerde, que hoy día Dios nos guía por su Palabra escrita y revelada en nuestros corazones, por medio de la predicación, a través de sueños que dejan paz en nuestro corazón, pero fundamentalmente somos guiados por la conciencia o el testigo interior, que es la misma voz de nuestro espíritu "conectado" con Dios.

Veamos a continuación un ejemplo...

*La Biblia dice: Había en Cesarea un hombre llamado Cornelio, centurión de la compañía llamada la italiana, piadoso y temeroso de Dios con toda su casa, y que hacía muchas limosnas al pueblo, y oraba a Dios siempre. Este vio claramente en **una visión**, como a la hora novena del día, que **un ángel de Dios** entraba donde él estaba, y le decía: Cornelio. El, mirándole fijamente, y atemorizado, dijo: ¿Qué es, Señor? Y le dijo: Tus oraciones y tus limosnas han subido para memoria delante de Dios. Envía, pues, ahora hombres a Jope, y haz venir a Simón, el que tiene por sobrenombre Pedro. **Hechos 10:1-6.***

*Al día siguiente, mientras ellos iban por el camino y se acercaban a la ciudad, Pedro subió a la azotea para orar, cerca de la hora sexta. Y tuvo gran hambre, y quiso comer; pero mientras le preparaban algo, le sobrevino **un éxtasis**; y vio el cielo abierto, y que descendía algo semejante a un gran lienzo, que atado de las cuatro puntas era bajado a la tierra; en el cual había de todos los cuadrúpedos terrestres y reptiles y aves del cielo. Y **le vino una voz**: Levántate, Pedro, mata y come. **Hechos 9:13.***

*Y mientras Pedro estaba perplejo dentro de sí sobre lo que significaría la visión que había visto, he aquí los hombres que habían sido enviados por Cornelio, los cuales, preguntando por la casa de Simón, llegaron a la puerta. Y llamando, preguntaron si moraba allí un Simón que tenía por sobrenombre Pedro. Y mientras Pedro pensaba en la visión, le dijo **el Espíritu**: He aquí, tres hombres te buscan. Levántate, pues, y desciende y no dudes de ir con ellos, porque yo los he enviado.* **Hechos 10:17-20**

Es claro que este episodio representa otro punto de cambio en la dirección y enfoque de la iglesia. En la cual intervino Dios en diferentes formas: con una visión, un éxtasis, con su voz desde el cielo, por medio de un ángel y usando a dos criados y a un soldado; todos guiados por el Espíritu Santo con un solo propósito, llevar personas a los pies de Cristo. Aunque es probable que Cornelio, el eunuco etíope fuera el primer convertido no judío al cristianismo, su conversión fue lo que despertó la controversia sobre los convertidos gentiles (incrédulos), ahora, involucrados entre los cristianos.

Al parecer la comunidad cristiana de la época y aún Pedro en particular, no estaban preparados para la aceptación directa de esos nuevos convertidos. Es así que, Cornelio siendo un militar romano, evidenciaba su fe en Dios, la que fue destacada por el visitante angelical. Este ángel podría haber compartido con Cornelio las buenas nuevas de salvación, pero no lo hizo. Sino que por el contrario le dijo que mandara hombres a Jope, porque Dios no ha dispuesto a sus ángeles para esa tarea, sino que ha preparado a Pedro y prepara a toda la iglesia de Jesucristo, para que lo sucedido con Cornelio y su familia, fuera un ejemplo para que hoy sus hijos también vayan y compartan las buenas nuevas de salvación a todo aquellos que lo necesitan y que las están esperando.

Más adelante en el versículo 44; se describe como Pedro no había acabado aún de hablar cuando la respuesta de los gentiles fue confirmada con el don del *"Espíritu Santo que cayó sobre todos los que oían el discurso"* el cual se hizo evidente por medio del hablar en lenguas y glorificar a Dios con alabanzas, mostrando de alguna manera la aceptación divina en conjunto entre judíos y gentiles como los nuevos redimidos de Dios. Este evento llevó a Pedro a una trascendental reflexión que hoy día "nos afecta" a todos los hijos de Dios, que Él no hace acepción de personas:

La Biblia dice: Entonces Pedro, abriendo la boca, dijo: En verdad comprendo que Dios no hace acepción de personas, sino que en toda nación se agrada del que le teme y hace justicia.
Hechos 10:34-35

Se hace necesario entonces, comprender una metáfora militar usada por El Apóstol Pablo en la que afirma que, aunque andamos en la carne, es decir en el cuerpo con todas sus limitaciones, no militamos según la carne, o también podríamos decir, empleando medios humanos y dudosos. Sino que, por el contrario, usamos armas poderosas en Dios para la destrucción de fortalezas. Todo con el propósito de cumplir la misión evangelística encomendada por Jesús. Llevar las buenas nuevas de salvación a toda criatura hasta el "último rincón de la tierra".

La Biblia dice: Pues aunque andamos en la carne, no militamos según la carne; porque las armas de nuestra milicia no son carnales, sino poderosas en Dios para la destrucción de fortalezas
2 Corintios 10:3-4

El apóstol Pablo, hace entonces alusión a las fortalezas, torres o murallas elevadas que se utilizaban en las batallas de la época para proteger las ciudades; pero que aunque muy fuertes no eran infranqueables porque podían ser penetradas después de excavar túneles para debilitarlas, luego de sitiar la ciudad por varios días hasta convertirlas en trampas mortales para sus mismos habitantes. Esto se usa metaforicamente para enseñar cómo los argumentos y toda altivez que se levanta contra el conocimiento de Dios por la proclamación del evangelio, pueden ser debilitados y vencidos con las armas espirituales que Dios nos ha dado. Jesucristo no solamente ha enviado al Consolador, el Espíritu Santo, sino que con su poder nos ofrece esas armas espirituales, las que debemos de "portar" y conocer muy bien. A continuación, estudiaremos brevementealgunas de ellas.

CAPITULO VII

EJERCITADO TU FE

en un momento, en un abrir y cerrar de ojos, a la final trompeta; porque se tocará la trompeta, y los muertos serán resucitados incorruptibles, y nosotros seremos transformados.
1***Corintios 15:52***

La iglesia de Jesucristo o el Cuerpo de Cristo....... aquella a quien Dios le ha dado dones y autoridad sobre toda fuerza del mal. Se considera como una de las armas con las que todos creyentes pueden contar. En ella, Dios incluye su multiforme sabiduría a través de la manifestación de "un solo y nuevo hombre" tomado de todas las razas y clases, en quien reúne a todos sus discípulos bajo la Cabeza que es Cristo. Pero en la tierra, esta es su sabiduría pluriforme en la que él se manifiesta. Son todas aquellas iglesias formadas a partir de la congregación de dos o tres personas, siempre que se reúnan en torno al nombre de Jesús. Es ahí donde nace una iglesia, y no necesariamente en la reunión de multitudes.

Las Iglesias que, a su vez son locales y celestiales, por medio de ellas se recibe y da crecimiento espiritual indiscriminadamente a todo aquel que cree en Él. También son la imagen de "un rebaño" que está siendo alimentado en una actividad del "pueblo de Dios" reunida en asambleas o congregaciones con Cristo en el centro. A todas estas congregaciones, Jesús les ha dado dones para el crecimiento y la madurez espiritual de sus integrantes, y autoridad para echar fuera demonios y derribar fortalezas que el enemigo pretende levantar contra ellas. Fortalezas o murallas que no prevalecerán contra la iglesia, cuando unidos en el nombre de Jesucristo las enfrentan.
Es por ello perentorio pertenecer y asistir a una de estas congregaciones, sujetarse a las directrices de quienes las gobiernan conforme a la Palabra de Dios. Pues, Dios "no mira multitudes, Él ve corazones dispuestos, Dios no oye palabras, escucha corazones arrepentidos" para que el enemigo no gane terreno.

La Biblia dice: *Y considerémonos unos a otros para estimularnos al amor y a las buenas obras, no dejando de congregarnos, como algunos tienen por costumbre, sino exhortándonos; y tanto más, cuanto veis que aquel día se acerca.* ***Hebreos 10:24-25***

LA ORACIÓN Y EL ACCIÓN DE GRACIAS, es otra de las armas que cada persona puede tener, y la más poderosa con la que contamos cada uno de los hijos de Dios...

*La Biblia dice: Perseverad en la oración, velando en ella con acción de gracias; **Colosenses 4:2***

La oración debe usarse constantemente para interceder por sus otros hermanos. Es la esfera donde opera la fe sometida a la voluntad de Dios y en la que se logra obtener la confianza y la certeza de lo que recibiremos de su parte. Pero es necesario reconocer siempre que la oración es posible debido a que contamos con un Sumo Sacerdote que fue a la vez humano y divino, y que se encuentra actualmente en los lugares celestiales intercediendo por nosotros: Jesucristo. Cuando oramos podemos entrar con toda confianza a la presencia del Padre para recibir misericordia y hallar su gracia, reitero, sabiendo que él nos escucha. La oración no debe ser una costumbre sino un estilo de vida acompañada de "ruegos, súplicas" y agradecimientos, dados a Dios Padre en todo momento, como un significativo regalo de un servicio espiritual ofrecido con fe a Él.

*La Biblia dice: Respondiendo Jesús, les dijo: Tened fe en Dios. Porque de cierto os digo que cualquiera que dijere a este monte: Quítate y échate en el mar, y no dudare en su corazón, sino creyere que será hecho lo que dice, lo que diga le será hecho. Por tanto, os digo que todo lo que pidiereis orando, creed que lo recibiréis, y os vendrá. **Marcos 11:22-24***

Es en esa manifestación de una estrecha relación con Cristo, en la que se llega a comprender de que su Espíritu como Consejero, ha asumido el "papel de Jesús en la tierra", lo que significa que Jesús está presente ahora con el creyente día a día, y que como resultado de nuestras peticiones en oración, sorprendentemente cada uno recibe conforme a su voluntad, donde lleva un trato personal con cada uno de sus hijos, para "reproducirlo y transformarlo" con los rasgos correspondientes al carácter del Hijo de Dios, en una vida de resurrección y salvación eterna a sus pies. Pero debemos mantener la santidad colocándonos la armadura que Él también nos ofrece...

*La Biblia dice: Vestíos de toda **LA ARMADURA DE DIOS**, para que podáis estar firmes contra las asechanzas del diablo. Porque no tenemos lucha contra sangre y carne, sino contra principados, contra* *potestades, contra los gobernadores de las tinieblas de este siglo, contra huestes espirituales de maldad en las regiones celestes. **Efesios 6:11-12.***

Este mensaje es dirigido a los discípulos de Cristo, como el llamado a prepararse para la lucha espiritual que deben enfrentar día a día, a la iglesia que como a un ejército se prepara en santidad cada día, más no a cada santo en particular que no quiere pertenecer a una iglesia congregacional, pues los soldados que andan solos son vulnerables y fáciles de eliminar. Es a la iglesia que teniendo en mente una clase de lucha en particular, conforma "un ejército" unido y preparado para defender el Cuerpo de Cristo, prevaleciendo siempre firme hasta el fin de los tiempos sin llegar a ser avergonzada jamás. Es una invitación a preparar a cada soldado para efectuar su ataque de movilización rápida y defensa diaria contra las maquinaciones del Diablo.

En este pasaje, el apóstol Pablo también hace referencia a la estrategia de defensa con la armadura efectiva que usaban los soldados romanos cuando hacían frente a sus enemigos y resistían hasta permanecer firmes al final de cada batalla. De igual manera, hoy día, los miembros de la iglesia de Jesucristo, les corresponde apropiarse de la armadura que Dios les ofrece en su Palabra.

Otra arma de luz, imprescindible y que, como resultado de la unión con Cristo la cabeza, tenemos el **NOMBRE** por encima de todos los nombres que se usan en la tierra desde el principio de los tiempos, sobre principados, potestades, poderes y todo lo que tiene nombre bajo el cielo.

La Biblia dice: *Este Jesús es la piedra reprobada por vosotros los edificadores, la cual ha venido a ser cabeza del ángulo. Y en ningún otro hay salvación; porque **no hay otro nombre** bajo el cielo, dado a los hombres, en que podamos ser salvos.*
Hechos 4:11-12

Esto parece afirmar que los seres humanos no pueden ni siquiera pretender tener fe por sí mismos. Más bien, deben conocer, reconocer y mantener la fe en el nombre de Jesús, del cual los discípulos fueron testigos, al igual que los presentes eran testigos del poder de la curación cuando ellos usaban el nombre de Jesús. Esta expresión es un arma más, que hace énfasis en una vida súper-sobrenatural que viene de Dios con poder y que la puede usar todo aquel que ha resucitado de los muertos espirituales, indicando con ello que Dios acepta al que le hubo rechazado antes por ignorancia y que lo colocaba por esa misma razón más allá del alcance de su salvación.

> *La Biblia dice: Porque todos los que son guiados por el Espíritu de Dios, éstos son hijos de Dios. Pues no habéis recibido el espíritu de esclavitud para estar otra vez en temor, sino que habéis recibido el espíritu de adopción, por el cual clamamos: ¡Abba, Padre! El Espíritu mismo da testimonio a nuestro espíritu, de que somos hijos de Dios. Y si hijos, también herederos; herederos de Dios y coherederos con Cristo, si es que padecemos juntamente con él, para que juntamente con él seamos glorificados. Romanos 8:14-17*

Pero únicamente aquellos en quienes mora el Espíritu Santo podrán usar este bendito y poderoso nombre; lo que significa que los creyentes en Cristo, unidos al Padre por medio de su Santo Espíritu quienes declaran con autoridad el nombre de Jesús.

El concepto que se presenta aquí indica que para los que están en Cristo Jesús, no hay ninguna condenación, sino que el Padre después de haber enviado a su Hijo como ofrenda por nosotros y posteriormente a su Espíritu; nos convence y nos libera del poder del pecado y de la muerte a través de su Hijo, asegurándonos el completo cumplimiento de la ley a nuestro favor. Por otro lado, los que no se han acercado a Él y siguen en el mundo, viven en pena de muerte continua, debido al pecado bajo el cual permanecen apartados de la voluntad de Dios.

Otra arma, que puede recibir un hijo de Dios para "confundir" al Diablo y a sus demonios, pues él no la puede entender ya que es una señal en aquellos que tienen fe en Cristo, es el de **HABLAR EN LENGUAS**. No se refiere al don de lenguas como lo veremos más adelante, estos son dos privilegios completamente diferentes.

> *La Biblia dice: Porque si yo oro en lengua desconocida, mi espíritu ora, pero mi entendimiento queda sin fruto. ¿Qué, pues? Oraré con el espíritu, pero oraré también con el entendimiento; cantaré con el espíritu, pero cantaré también con el entendimiento. 1Corintios 14:14-15*

El hablar en lenguas fue un acontecimiento que acompañó la venida del Espíritu Santo, sobre los primeros convertidos, y fue sin lugar a dudas una de las manifestaciones que se presentó entre los primeros creyentes en Jerusalén; igualmente, a un grupo aislado de creyentes de Cesarea, que pudieron haber sido creyentes neófitos quienes no estaban enterados de lo que ocurrió en Pentecostés, pero que también hablaron en lenguas cuando descendió sobre ellos el Espíritu Santo.

En cada caso fue una experiencia maravillosa y espontánea que constituyó la prueba concreta de la importancia para cada convertido, y que se puede recibir como la "dotación inicial" dada por el Espíritu Santo desde Pentecostés, y aparentemente certificada como la inclusión de la "nueva clase" de creyentes en la cautelosa iglesia judeo-gentil ahora cristiana que hoy también incluye a los nuevos convertidos a Cristo.

Como lo mencionaba anteriormente, el apóstol Pablo hace ref erencia al hablar en lenguas y al tener don de lenguas, en los cuales hay una gran diferencia, marcada por algunos aspectos que sus discípulos experimentaron; por un lado, grupos enteros de personas que vivieron el instante en que descendió el Espíritu Santo sobre ellos, comenzando inmediatamente a hablar en lenguas. Mientras que por otro lado se menciona en 1 Corintios, que no todos poseen el tan   anhelado don de lenguas, sino que uno es el hablar y otro, es el don. A continuación, veras un paralelo entre estos dos aspectos:

HABLAR EN LENGUAS   **DON DE LENGUAS**

• Habla con Dios. ....Habla con los hombres.

• Es para edificación personal.........Es para edificación de la iglesia.

• Va de la tierra al cielo. ....Viene del cielo a la tierra.

• Dios le entiende. ....Hombres entienden.

• Es oración personal. ....Es una declaración pública.

• Todos pueden hacerlo. ....Solo algunos lo poseen.

• Nadie le entiende................Interpreta para entendimiento de todos.

La gracia de Dios, entonces, ha sido conferida en diversas expresiones a cada creyente; y que lo lleva a concluir con una descripción de Cristo como el dador de todas esas gracias, aquellas que derrama generosamente sobre nosotros, entre ellas "las armas de la luz" y sus dones espirituales, que son los maravillosos súper- regalos para todo aquel que por su sangre preciosa ha sido un vencedor. Y es por todo lo anterior que hoy debemos llevar una nueva vida en Cristo Jesús, como el camino que nos acerca cada día al Padre, manteniendo y ejercitando tu fe, alimentada en comunión con él. Una de las mejores formas de hacerlo es:

Orando, o igualmente hablando con Dios, contándole tus preocupaciones y entregándole tus cargas, pero concluye siempre toda oración dándole gracias en el nombre de Jesucristo.

Leyendo las Escrituras, la Palabra de Dios, pero antes de iniciar pídele al Espíritu Santo que te enseñe y te hable. Lee cada día el libro de Proverbios e inicia la lectura de las Escrituras desde el evangelio de Juan, ve señalando con un marcador lo que Dios le esté enseñando en tu corazón, y al concluir cada lectura deja señalado en donde quedaste, para que luego retomes en el mismo punto.

Asiste regularmente a una iglesia cristiana: donde te enseñen del Padre, del Hijo y del Espíritu Santo. Allí recibirás alimento y fortaleza espiritual.

CAPITULO VIII

CAMINANDO CON JESÚS

Existe un completo contraste entre la vida anterior como incrédulos, perdidos en el engaño de este mundo, en ausencia de una realidad divina, en vanidad y encaminados a una muerte eterna, olvidados en medio de las tinieblas. Por otro lado, están aquellos que han aceptado el sacrificio de amor hecho por Jesús y dado por Dios a todo hombre. Estos son los que hoy conocen a Jesús como la verdad encarnada: la realidad, la luz, la vida eterna, el amor, la misericordia, de aquel que todo lo llena en todo.

Caminar con Jesús, implica vivir una nueva vida en Cristo. Nos despojados del viejo hombre, la antigua humanidad que correspondia a una pasada manera de vivir, y nos vestimos del nuevo hombre. Esta nueva humanidad renueva nuestra mente a través de la Palabra de Dios, depositando toda nuestra confianza en quien todo lo puede. Pero Dios no se detiene aquí, sino que por medio de esa misma Palabra, nos muestra cómo quiere que vivamos en adelante:

"Por eso, ya no deben mentirse los unos a los otros. Todos nosotros somos miembros de un mismo cuerpo, así que digan siempre la verdad. Si se enojan, no permitan que eso los haga pecar. El enojo no debe durarles todo el día, ni deben darle al diablo oportunidad de tentarlos. Quien antes fue ladrón, debe dejar de robar, y ahora trabajar bien y con sus propias manos. Así tendrá dinero para ayudar a las personas necesitadas. No digan malas palabras. Al contrario, digan siempre cosas buenas, que ayuden a los demás a crecer espiritualmente, pues eso es muy necesario.No hagan que se ponga triste el Espíritu Santo de Dios, que es como un sello de identidad que Dios puso en ustedes, para reconocerlos cuando llegue el día en que para siempre serán liberados del pecado. Dejen de estar tristes y enojados. No griten ni insulten a los demás. Dejen de hacer el mal. Por el contrario, sean buenos y compasivos los unos con los otros, y perdónense, así como Dios los perdonó a ustedes por medio de Cristo. **Efesios 4:25-32** *(V. TLA)*

Lo que nos mantendrá en el camino al Padre, y evidentemente a una salvación, son los diferentes y maravillosos resultados que esta trae consigo para todo ser humano. Resultados que, a lo largo del nuevo testamento, aprendemos cuáles son las áreas espirituales en las que se puede manifestar ese gran poder. Uno de estos resultados influirá en el alma de aquel que, creyendo, usa el nombre de Jesús. Nombre sobre todo nombre que se manifestará posterior o inmediatamente en tu cuerpo o en tu vida cotidiana conforme a tu fe y a la voluntad buena de Dios, conforme al propósito que Él tiene para ti.

El hecho de que en la biblia Dios diga que no hay otro nombre bajo el cielo; hace referencia directa aque existe un nombre, no con algún genero específico, sino con gran poder, con tanto poder, que está por encima del mismo cielo y que se ha dado a la raza humana. Pero eses nombre tiene un claro objetivo: objetivo: llevar a los hombres devictoria en victoria hacia la salvación eterna frente al Padre.

Es un nombre cuyo poder súper-sobrenatural tiene autoridad para mandar, dominar, llegar a conseguir algo, vencer o hacer posible que suceda algo e influya en ella. Su influencia llega a producir el efecto deseado, incluso si para el hombre que lo usa parece imposible verlo o conocerlo.

La razón fundamental para que esto se cumpla, es que Jesús este habitando en el corazón de ese creyente, quien después de haber tenido el privilegio de haberlo aceptado como su Señor y salvador y de haberlo recibido en su corazón, continúa en su camino esperando y deseando cumplir con la ordenanza que Dios da por medio de su Palabra escrita; y es que crea en SU NOMBRE, en el poder que reside en ese bendito nombre; el mismo en el que se agrupan todos los nombres de Dios, de Jehová, El Gran Yo Soy, entre otros, para que como uno solo sea lanzado por medio de su boca y desde su corazón, el nombre PODEROSO DE JESUCRISTO. Que se convierte en "dinamita" que derribe fortalezas y potestades, y destruya la obra del maligno; trayendo resultados sorprendentes en tu vida y en la vida de quienes lo usan.

La Biblia dice: Y este es su mandamiento: Que creamos en el NOMBRE de su Hijo Jesucristo, y nos amemos unos a otros como nos lo ha mandado. **1 Juan 3:23**

Cuando tu posees la revelación del poder que tiene el nombre de Jesús, usarlo traerá dádivas y riquezas que vienen de lo alto sobre tu vida como el discípulo que es. A continuación, y apoyados en algunas citas bíblicas mencionaremos cuáles son esos privilegios que usted obtendrá al creer y usar el nombre de Jesús:

PERDÓN DE PECADOS, *"De éste dan testimonio todos los profetas, que todos los que en él creyeren, recibirán perdón de pecados por su nombre".* **Hechos 10:43**

SALVACIÓN, *"Y en ningún otro hay salvación; porque no hay otro nombre bajo el cielo, dado a los hombres, en que podamos ser salvos".* **Hechos 4:12**

SE HACE HIJO DE DIOS, *"Mas a todos los que le recibieron, a los que creen en su nombre, les dio potestad de ser hechos hijos de Dios;"* **Juan 1:12**

VIDA ETERNA, *"Pero éstas se han escrito para que creáis que Jesús es el Cristo, el Hijo de Dios, y para que creyendo, tengáis vida en su nombre."* **Juan 20:31**

AUTORIDAD Y SANIDAD, *"El que creyere y fuere bautizado, será salvo; mas el que no creyere, será condenado. Y estas señales seguirán a los que creen: En mi nombre echarán fuera demonios; hablarán nuevas lenguas; tomarán en las manos serpientes, y si bebieren cosa mortífera, no les hará daño; sobre los enfermos pondrán sus manos, y sanarán."* **Marcos 16:17-18**

RECOMPENSA, *"Y cualquiera que haya dejado casas, o hermanos, o hermanas, o padre, o madre, o mujer, o hijos, o tierras, por mi nombre, recibirá cien veces más, y heredará la vida eterna."* **Mateo 19:29**

LIBERTAD DE CONDENACIÓN, *"El que en él cree, no es condenado; pero el que no cree, ya ha sido condenado, porque no ha creído en el nombre del unigénito Hijo de Dios."* **Juan 3:18**

SEGURIDAD AL PEDIR AL PADRE, *"Y todo lo que pidiereis al Padre en mi nombre, lo haré, para que el Padre sea glorificado en el Hijo. Si algo pidiereis en mi nombre, yo lo haré"* **Juan 14:13-14**

RESPALDO DE JESUCRISTO, *"De cierto, de cierto os digo: El que en mí cree, las obras que yo hago, él las hará también; y aún mayores hará, porque yo voy al Padre."* **Juan 14:12**

AL ESPÍRITU SANTO, *"Mas el Consolador, el Espíritu Santo, a quien el Padre enviará en mi nombre, él os enseñará todas las cosas, y os recordará todo lo que yo os he dicho".* **Juan 14:26**

Es tal el poder y la autoridad, que ahí en este Nombre, que El Espíritu Santo fue enviado por el Padre en el Nombre de Jesucristo para revelarnos y recordarnos lo que nos ha hablado y enseñado, permitiéndonos conocer y disfrutar las maravillosas riquezas que obtenemos cuando usamos su nombre. Pero debemos ser conscientes que tenemos compromisos con el Señor, pues somos de él y para él; lo que nos invita necesariamente a su dependencia e imitación santa y ejemplar. Pero detengámonos un poco más para meditar en que consiste aquella dependencia e imitación de todo hijo que usa su poderoso nombre:

DEPENDENCIA: así como fuimos salvos por la Gracia de Dios por medio de la fe en Cristo; ahora hemos de vivir para Dios por medio de la confianza en la obra redentora de Jesús; unidos a él en una comunión estrecha que se mantenga en su voluntad, es decir su propia Palabra escrita. Solo entonces podremos usar su nombre con autoridad. De lo contrario, esperar que el Señor respalde al creyente, mientras este por otro lado hace lo que a su bien tiene, lo único que logrará al tratar de usar el nombre de Jesús, es ser engañado y oprimido por el Diablo y sus demonios, sin resultados efectivos en una vida transformada o en una vida de testimonio que refleje a un verdadero discípulo de Jesucristo. Un ejemplo claro de aquellos que sin tener autoridad en Cristo trataron de usar el nombre de Jesús en vano y fueron avergonzados y derribados por los demonios, lo podemos encontrar en el siguiente pasaje bíblico:

> ***La Biblia dice:*** *Pero algunos de los judíos, exorcistas ambulantes, intentaron invocar el nombre del Señor Jesús sobre los que tenían espíritus malos, diciendo: Os conjuro por Jesús, el que predica Pablo... Y el hombre en quien estaba el espíritu malo, saltando sobre ellos y dominándolos, pudo más que ellos, de tal manera que huyeron de aquella casa desnudos y heridos.*
> ***Hechos 19:13 y 16.***

Por ello, parecernos cada vez más a Jesucristo nos hace de pendientes de Él, y esto implica conocer cada día más de su naturaleza divina y el plan que él tiene para cada una de nuestras vidas.

> **Jesús dijo:** *Permaneced en mí, y yo en vosotros. Como el pámpano no puede llevar fruto por sí mismo, si no permanece en la vid, así tampoco vosotros, si no permanecéis en mí. Yo soy la vid, vosotros los pámpanos; el que permanece en mí, y yo en él, éste lleva mucho fruto; porque separados de mí nada podéis hacer.* ***Juan 15:4-5***

Veamos ¿Que sucede cuando alguien trata de vivir sin depen der de Él; sin creer y sin usar su nombre?:

Es derrotado por la tentación.
Anda preocupado con una lista de cosas pendientes por hacer.

Fingiendo una vida en comunión con Dios.
Con vacíos en su interior.
Deprimido y con falta de gozo.
Cansado de hacer las cosas con sus propias fuerzas.
Con una sensación de lejanía de Dios.
Atrapado por las cosas de este mundo.

Es decir, dependiendo de las circunstancias, de lo que ve y oye, pero no dependiendo de su Hacedor. Por el contrario, sí un creyente está sometido a su voluntad es decir a la voluntad de Dios, a su ayuda y a su protección, no mirando las circunstancias, sino apropiándose de su palabra y de sus promesas, viendo las cosas que nos son como si lo fueran; reflejará una clara y verdadera dependencia de su creador a donde vaya y adonde llegue.

La Biblia dice *Encomienda a Jehová tu camino, Y confía en él y él hará.* ***Salmos 37:5***

IMITACIÓN: como creyente debe seguir el ejemplo de Jesús, tu gran modelo, viéndose y buscando parecerse a él cada vez más, en tus acciones, actitudes y testimonios para con los de afuera; lleva una vida de oración y perseverancia en la doctrina de la fe. Caminando y sirviendo para su obra con amor sincero en su iglesia local, demostrando con hechos la luz de Jesús que hay en ti, y el olor fragante de su presencia y de su conocimiento para con todos sus hermanos.

La Biblia dice *¿Por qué me llamáis, Señor, Señor, y no hacéis lo que yo digo? Todo aquel que viene a mí, y oye mis palabras y las hace, os indicaré a quién es semejante.* ***Lucas 6:46***

No debes creer que es imposible seguir e imitar a Jesús. Existen personas sencillas, como tú y como yo, gente común en general, y verdaderos siervos de Dios que comenzaron buscando al Señor y dispusieron sus vidas a servirle hasta terminar sus días en la tierra como pastores, maestros, evangelistas, entre otros. Un claro ejemplo de ello es el apóstol Pablo quien dijo:

Sed imitadores de mí, así como yo de Cristo. ***1 Corintios. 11:1***

Es cuestión de tomar decisiones, que día a día vayan afectando tu intimidad con el Señor. Si estás viviendo en dependencia y buscando imitar a Jesús, es porque está pasando tiempo con Él, aprendiendo de su Palabra, queriendo conocer e imitar su vida terrenal, siendo testimonio como hijo de Dios, dispuesto a creer en el poder que hay en su nombre. Usándolo con autoridad sin que el Diablo te señale de practicar algún pecado. Pues él y sus demonios te conocen y reconocen tu autoridad. Están pendientes de que caigas para tentarlo y así mismo acusarte.

> *La Biblia dice, Pero respondiendo el espíritu malo, dijo: A Jesús conozco, y sé quién es Pablo; pero vosotros, ¿quiénes sois?*
> *Hechos 19:15*

Por otro lado, y siendo tu ese dependiente e imitador de Jesús, obtendrás entonces otros grandes privilegios al usar su poderoso nombre:

1. Poder: un ejemplo de ese poder, lo vemos cuando el apóstol Pablo usa el nombre en: **Hechos 16:18** *" y esto lo hacia muchos días; más desagradando a Pablo, éste se volvió y dijo al espíritu: temando en el nombre de Jesucristo, que salgas de ella. Y salió en aquella misma hora."*

2. Lavamiento, santificació y justificación: son otros privilegios que recibimos estando al lado del Señor. *1Corintios 6:11* dice: *"y esto erais algunos; mas ya habeis sido lavados, ya habeis sido santificados, ya habéis sido justificados en el nombre del Señor Jesús, y por el Espíritu Sante de nuestro Dios."*

JESÚS ERA EL TESTIGO SUPREMO para Dios, y murió a causa de este testimonio. Él es primogénito de entre los muertos que por su resurrección asumió el primer lugar en el reino de Dios y lo abrió para toda la humanidad. Como soberano de los reyes de la tierra señala su supremacía sobre los gobernantes hostiles de este mundo, quienes con su oposición y persecución no pudieron ni podrán impedir nunca la victoria de los hijos que pertenecen a su reino.

Es Jesús quien ahora recibe el honor y la alabanza, lo que afirma el concepto de redención como un "segundo éxodo". Pues el primer éxodo trajo la liberación del Pueblo de Israel, de la esclavitud de Egipto, para que pudiera llegar a ser el pueblo del pacto de Dios en el Sinaí y libre en la tierra prometida. Ahora con el "segundo éxodo" que nos libera de la esclavitud del mundo y nos rescata de las tinieblas, el "segundo Redentor" (el Mesías); nos permite llegar a ser la nueva familia por el pacto de Dios en el monte Sion. Esto se convierte en una esperanza nueva para la humanidad confirmada en su futura venida; en la que Jesús con su gran amor es nuestro Salvador eterno, haciéndonos libres y plantados en un reino, de reyes y sacerdotes al servicio de Dios

Todopoderoso.

Entonces, es ahora a ti a quien te corresponde apropiarte del nombre que es sobre cualquier nombre, sobre nombre de personas, de enfermedades, de circunstancias, cualquier nombre que pueda existir, está EL NOMBRE DE JESUCRISTO, debes creerlo, conocerlo, y usarlo con autoridad, contra Satanás, todo demonio o toda fuerza del mal.

CAPITULO IX

EN EL APOCALIPSIS

El libro del apocalipsis, aumenta y da fe al dar testimonio directo del mismo Cristo resucitado, del único, verdadero Señor y Salvador del mundo. El propósito de esta carta se alcanza al enfatizar los temas de la soberanía de Dios en Jesucristo desde todos los tiempos; sus anuncios respecto a la aparición del reino de Dios en su ministerio, en su muerte, en su resurrección, en el rapto y en el regreso de su segunda venida; en los ineludibles juicios del Señor sobre aquellos que se someten al falso Cristo antes que al Cristo del Dios vivo.

Es significativo ver, como el apocalipsis nos invita a considerar "la bondad, pero a su vez la severidad de Dios". "Caminemos" un poco en este libro para conocer lo que sucederá en los tiempos futuros.

El mensaje de Dios, por medio del mismo testimonio de Jesucristo, llega a toda la humanidad por lo anunciado en apocalipsis; e inicia con el testimonio de Juan, de la palabra de Dios y el testimonio de nuestro mismo Señor. Y en él, declara una gran recompensa de bienaventuranzas para aquellos que lo leen, lo oyen y toman en serio su mensaje.

Esta maravillosa carta continúa con una serie de advertencias hechas por Dios a las siete iglesias que están en Asia, advertencias que, aunque se dirigen específicamente a estas iglesias, cada uno de nosotros las podemos interpretar como miembros de la gran iglesia de Cristo de manera particular, lo que nos compromete también a reflexionar sobre nuestra posición y nuestro comportamiento ante él como miembros del cuerpo de Cristo. Él dice y advierte:

Pero tengo contra ti, que has dejado tu primer amor... Yo conozco tus obras, y tu tribulación, y tu pobreza (pero tú eres rico), y la blasfemia de los que se dicen ser judíos, y no lo son, sino sinagoga de Satanás.../ Pero tengo unas pocas cosas contra ti: que tienes ahí a los que retienen la doctrina de Balaam, que enseñaba a Balac a poner tropiezo ante los hijos de Israel, a comer de cosas sacrificadas a los ídolos, y a cometer fornicación. Y también tienes a los que retienen la doctrina de los nicolaítas, la que yo aborrezco.../ Pero tengo unas pocas cosas contra ti: que toleras que esa mujer Jezabel, que se dice profetisa, enseñe y seduzca a mis siervos a fornicar y a comer cosas *sacrificadas a los ídolos. Y le he dado tiempo para que se arrepienta, pero no quiere arrepentirse de su fornicación.../ Sé vigilante, y afirma las otras cosas que están para morir; porque **no** he hallado tus obras perfectas delante de Dios.../ He aquí, yo entrego de la sinagoga de Satanás a los que se dicen ser judíos y no lo son, sino que mienten; he aquí, yo haré que vengan y se postren a tus pies, y reconozcan que yo te he amado.../ Yo conozco tus obras, que ni eres frío ni caliente. ¡Ojalá fueses frío o caliente! Pero por cuanto eres tibio, y no frío ni caliente, te vomitaré de mi boca. Porque tú dices: Yo soy rico, y me he enriquecido, y de ninguna cosa tengo necesidad; y no sabes que tú eres un desventurado, miserable, pobre, ciego y desnudo. **Apocalipsis 2:4 y 9 / 2: 14-15 / 2: 20-21 / 3:2 y 9** 3: 15-17.*

Jesucristo antepone a sus advertencias gracia y paz; como una forma de ampliar el "Yo Soy el que Soy" a "Yo Soy el que es, el que era y el que será", estableciendo claramente que es el Dios y Señor de las edades, que cumplirá inequívocamente en su venida todo lo declarado en su Palabra Escrita.

La Biblia dice: *Gracia y paz a vosotros, del que es y que era y que ha de venir, y de los siete espíritus que están delante de su trono; y de Jesucristo el testigo fiel, el primogénito de los muertos, y el soberano de los reyes de la tierra. Al que nos amó, y nos lavó de nuestros pecados con su sangre, y nos hizo reyes y sacerdotes para Dios, su Padre;* **Apocalipsis 1:4**

JESUCRISTO ya resucitado, al dirigirse a cada una de las 7 Iglesias, hace también una tremenda descripción de sí mismo, que habla de su Naturaleza divina, omnipotente, omnisciente y omnipresente:

Yo soy el Alfa y la Omega, principio y fin, dice el Señor, el que es y que era y que ha de venir, el Todopoderoso.../ El que tiene las siete estrellas en su diestra, el que anda en medio de los siete candeleros de oro.../El primero y el postrero, el que estuvo muerto y vivió.../El que tiene la espada aguda de dos filos.../El Hijo de Dios, el que tiene ojos como llama de fuego, y pies semejantes al bronce bruñido.../El que tiene los siete espíritus de Dios, y las siete estrellas... /el Santo, el Verdadero, el que tiene la llave de David, el que abre y ninguno cierra, y cierra y ninguno abre.../He aquí el Amén, el testigo fiel y verdadero, el principio de la creación de Dios, **Apocalipsis 1:8/2:1,8,12,18/3:7,14**

Pero todo esto nos conduce a ser protagonistas de un aconteci miento, necesario y obligatorio, para todo creyente; es el **TRIBUNAL DE CRISTO.** En este Tribunal, cada hijo de Dios tendrá que presentarse, para dar cuenta de sus acciones en su vida terrenal, y ser recompensado o sufrir pérdida, según haya hecho o testificado como hijo de Dios. Pero lo que más importa no es especular sobre nuestro estado futuro, sino el decidirnos a hacer lo que dice su Palabra después de haber recibido tan preciosísimo regalo que es la salvación, por ello es fundamental mantener nuestro corazón sincero con Dios y con el prójimo en el contexto bíblico del amor.

> *La Biblia dice: "Porque es necesario que todos nosotros comparezcamos ante el tribunal de Cristo, para que cada uno reciba según lo que haya hecho mientras estaba en el cuerpo, sea bueno o sea malo".* **2 Corintios 5:10**

Otro de los tantos acontecimientos que marcará sin duda alguna la manifestación de Jesucristo en el futuro, será el sonido de **LA SÉPTIMA TROMPETA** que presentará el tercer ay, en cuya naturaleza, Dios ha puesto por delante su gran poder para aplastar la rebelión de la humanidad contra su reino.

Esencialmente, este acontecimiento significará la liberación del mal y el don de la vida para aquellos que buscan a Dios. Pero que vendrá con ira contra las naciones que se enfurecerán y se levantarán contra Él. Esta ira desatará juicio; para juzgar a los muertos espirituales; mientras que paralelamente a este acontecimiento sus hijos los santos, son recompensados en la ciudad de Dios. Será el sonido de la trompeta que da señal desde el templo de Dios en el cielo y que se abrirá para revelar el arca de su pacto, la promesa del reino, que ahora está por ocurrir tras relámpagos, voces, truenos, un terremoto y una fuerte granizada que como testimonio anunciará que ha llegado la consumación de los tiempos.

> *La Biblia dice: El séptimo ángel tocó la trompeta, y hubo grandes voces en el cielo, que decían: Los reinos del mundo han venido a ser de nuestro Señor y de su Cristo; y él reinará por los siglos de los siglos. Y los veinticuatro ancianos que estaban sentados delante de Dios en sus tronos, se postraron sobre sus rostros, y adoraron a Dios, diciendo: Te damos gracias, Señor Dios Todopoderoso, el que eres y que eras y que has de venir, porque has tomado tu gran poder, y has reinado. Y se airaron las naciones, y tu ira ha venido, y el tiempo de juzgar a los muertos, y de dar el galardón a tus siervos los profetas, a los santos, y a los que temen tu nombre, a los pequeños y a los*

grandes, y de destruir a los que destruyen la tierra. Y el templo de Dios fue abierto en el cielo, y el arca de su pacto se veía en el templo. Y hubo relámpagos, voces, truenos, un terremoto y grande granizo.
Apocalipsis 11:15-19

Son acontecimientos acompañados con otros posteriores como: **LA HUIDA DEL CIELO Y LA TIERRA** de la faz de Dios; que se han de ver como "el inicio del nuevo cielo y la nueva tierra" La Nueva Jerusalén, Pero sin duda alguna el acontecimiento del gran trono blanco se vivirá como la única realidad que la humanidad podrá contemplar junta. Ciertamente será una visión terrible e indeseable para aquellos que rechazaron a Jesús como su Señor y Salvador, pues en ese momento todos ellos se encontrarán, cada uno con su propio fin, pues en la descripción que se presenta en el siguiente pasaje, detalla ese momento de la última "escena" donde se enfrentarán, a un suceso del cual querrán escapar infructuosamente.

> ***La Biblia dice:*** *Y vi un gran trono blanco y al que estaba sentado en él, de delante del cual huyeron la tierra y el cielo, y ningún lugar se encontró para ellos. Y vi a los **muertos**, grandes y pequeños, de pie ante Dios; y los libros fueron abiertos, y otro libro fue abierto, el cual es el libro de la vida; y fueron juzgados los **muertos** por las cosas que estaban escritas en los libros, según sus obras. Y el mar entregó los **muertos** que había en él; y la **muerte** y el Hades entregaron los **muertos** que había en ellos; y fueron juzgados cada uno según sus obras. Y la muerte y el Hades fueron lanzados al lago de fuego. Esta es la muerte segunda. Y el que no se halló inscrito en el libro de la vida fue lanzado al lago de fuego. **Apocalipsis 20:11-15***

Aquí estarán todos los muertos espirituales, pues Dios, es Dios de vivos y no de muertos. Son los que nunca se arrepintieron ni murieron al mundo y sus deseos (los que lo hicieron son los que VIVEN por la eternidad). También los grandes y pequeños, líderes mundiales o personas comunes, se encontrarán de pie delante del **GRAN TRONO BLANCO O LA SILLA BEMA.** Y menciona que será de pie ya que su mismo orgullo y dureza de corazón ante Dios, no les permite postrase y lo más probable es que ni en vida lo hicieron; ellos estarán convocados al juicio final, compuesto por varios acontecimientos:

1. <u>Apertura del libro de la vida</u>: Se revisará el libro de la vida, el cual estará en blanco, porque ninguno de los allí presentes estará registrado. Ellos nunca aceptaron a Jesús ni su obra de salvación.

2. <u>Juicio por las obras:</u> Se abrirá un segundo libro basado en las obras realizadas por cada uno. Pero de nada servirá, será evidente e inútil, debido a que esas obras fueron hechas sin la fe en Jessucristo.

3. <u>Juicio por el testimonio de vida:</u> Donde en conjunto con los dos anteriores criterios concordarán para el tercer acontecimiento, la sentencia final y eterna que será el lago de fuego y azufre. Que es la segunda muerte.

Además, a esta "cita" serán convocadas también la muerte y el hades, que representan el hecho de morir y la condición posterior a la muerte fisica de los muertos espirituales. Tanto la muerte como el hades serán lanzados al **LAGO DE FUEGO**, junto con aquellos cuyos nombres no se hallaron inscritos en el libro de la vida. Es el lago que tiene su origen en el abismo, la morada del dragón enemigo de Dios, y tradicionalmente es el lugar de castigo para los malos espíritus, el mismo donde los ángeles caídos son castigados.

Todo lo anterior, es la alternativa a la ciudad de Dios, la Nueva Jerusalén. Donde Jesucristo es el Alfa y la Omega, "el eje central" de la creación, el primero, el Verbo que desde génesis habló y todo fue formado, el Señor soberano de todas las edades. El Mesías prometido y esperado en el Antiguo Testamento. Quien vino al mundo para salvar a la humanidad del pecado y de la muerte haciendo la paz con Dios por nosotros, para enseñarnos sobre el amor y la verdad, dando su vida pagando con su muerte el precio que tú y yo debiamos pagar. Ahora resucitado, ofrece salvación y vida por la eternidad a todos los que le creen y le siguen.

Por lo que es necesario reconocer desde ahora, su muerte sacrificial y pasar de ser un creyente pasivo a un verdadero DISCÍPULOS. Esto implica un arrepentimiento genuino por nuestras malas acciones y un compromiso de servir fielmente a Dios y su obra hasta el fin. De lo contrario, algunos podrán permanecer tan solo con un remordimiento superficial por sus pecados, esperando que la vida vaya pasando y llegue el día de su partida a la eternidad.

La Biblia dice: "El que venciere heredará todas las cosas, y yo seré su Dios, y él será mi hijo. Pero los cobardes e incrédulos, los abominables y homicidas, los fornicarios y hechiceros, los idólatras y todos los mentirosos tendrán su parte en el lago que arde con fuego y azufre, que es la muerte segunda". **Apocalipsis 21:7-8.**

Podemos estar seguros de que en todos estos acontecimientos la gracia y la verdad de Jesucristo, serán realmente unidas en el juicio final. Y por último Jesucristo mismo concluye esta carta del Apocalipsis no sin antes dar una advertencia.

*La Biblia dice: Yo testifico a todo aquel que oye las palabras de la profecía de este libro: Si alguno **añadiere** a estas cosas, Dios traerá sobre él las plagas que están escritas en este libro. Y si alguno **quitare** de las palabras del libro de esta profecía, Dios quitará su parte del libro de la vida, y de la santa ciudad y de las cosas que están escritas en este libro. El que da testimonio de estas cosas dice: Ciertamente vengo en breve. Amén; sí, ven, Señor Jesús. La gracia de nuestro* Señor Jesucristo sea con todos vosotros. Amén. ***Apocalipsis 22:18-20***

CON ESTA ADVERTENCIA se da cierre a este revelador libro, que de manera casi "desesperada por amor", Dios trata de impedir que su creación se pierda, advirtiendo claramente que este mensaje no deberá ser pervertido; agregando o sustrayendo enseñanza o palabra alguna de ellos, para quienes recaerá una maldición y la pérdida de la entrada al reino de Dios.

Por otro lado, vemos en este pasaje bíblico la última promesa "ven pronto" es la culminación de todas las promesas y la suma de todas las esperanzas de los seres vivientes. Vendrá pronto, sí. Y envía su bendición final que nos recuerda que el apocalipsis es una carta cuyas lecciones deben ser aplicadas por cada persona.

Cada uno tiene libre albedrio de escoger donde pasará su eternidad y de decidir cómo enfrentará a Jesucristo; si como:

El león de juda para… sufrir la muerte eterna… o como
El cordero de Dios que quita el pecado del mundo para…vivir en luz con él…

Si nunca ha confesado con su boca esta sencilla pero poderosa oración, hágalo ahora en voz audible y con todo su corazón; de seguro, cambiara su vida y su eternidad:

"**Señor Jesús**, yo confieso con mi boca que tú eres
mi Señor y creo en mi corazón que
Dios te levanto de los muertos,

entra a mi corazón y cambia mi vida.
Gracias Señor Jesucristo".
Amen...

VISITA AL AUTOR O SOLICITA TU EJEMPLAR

En: amazon.com

https://www.amazon.com/dp/9584997750

suscríbete en su canal de YouTube:

rayosdesabiduría@reflexiones

O ESCRIBENOS A:

libroscristocentricos@gmail.com

Bogotá – Colombia

rayosdesabiduríaoficial

BOOKS BY THIS AUTHOR

Por La Senda De Jesús

Este libro te ayudará a conocer más sobre "la senda" que Jesús recorrió al pasar por el planeta que él mismo creó y formó. También te ayudará a conocer el amor de Cristo y a experimentar la llenura de su plenitud como resultado de ese conocimiento.
Las Escrituras dicen: "y de conocer el amor de Cristo, que excede a todo conocimiento, para que seáis llenos de toda la plenitud de Dios". Efesios 3:19

Este libro es un compendio bíblico que, desde Génesis hasta Apocalipsis, proporciona un punto de vista general de la vida y obra de Jesucristo a lo largo de todos los tiempos. En él encontraras enseñanzas enriquecedoras que te ayudarán a comprender mejor la obra y el propósito de Dios en la persona de Jesús para con toda la humanidad, y en especial para con los pecadores que aún se resisten a aceptarlo.

Renovando Tu Mente

El mandato que Dios hace a todos los nacidos de nuevo en Cristo, no es algo que sugiere o una opinión que quiere dar; ¡NO! Él en verdad quiere y ordena que renueves tu forma de pensar, de ver la vida y de enfrentarte a ella.

Pero no de la manera en que lo venías haciendo en el mundo, sino alineado y conforme a su bendita palabra escrita. Dios ordena que vacíes y deseches tu viejo hombre; que transformes tus sentimientos, tus emociones y tu voluntad, es decir, tu mente.

Este libro te motivará a continuar buscando la revelación, la enseñanza y la ayuda del Espíritu Santo en cada lectura que hagas de su Palabra. Él, y únicamente Él, a través de muchos otros "medios", te revelará cada vez más su perfecta y buena voluntad, permitiendo que en tu corazón existan verdaderos cambios que se manifiesten en tu vida cotidiana y que transformen tu manera de pensar y por ende, de hablar.

365 Días Con Jesús

"365 días con Jesús" es una serie de reflexiones diarias con enseñanzas bíblicas que, de manera progresiva, te llevarán cada vez más a un fortalecimiento y crecimiento espiritual, a una mayor revelación de la palabra escrita de Dios. En los "últimos 66 días con Jesús", podrás leer, respectivamente, una enseñanza de cada uno de los 39 libros y de las 27 cartas de la biblia.

Este libro te motiva así mismo, no solo a conocer más a nuestro Señor Jesucristo, sino igualmente a actuar y aplicarlas Sagradas Escrituras en la cotidianidad de tu vida. Las que en definitiva por el poder del Espíritu Santo, te guiarán hacia tu propósito eterno.

Tesoro En El Cielo

Este libro te guiará a construir tu tesoro en el cielo y a conocer cuantas riquezas puedes encontrar en él. Si tienes una casa de oración o vas a formar una, en este libro podrás identificar las joyas espirituales que Dios ha puesto o pondrá en tus manos y el cuidado permanente que debes mantener en ellas. Te guiará a ser más efectivo, fortalecerá y avivará tu corazón; te llevará a disfrutar el fruto de la integración, la multiplicación y el compromiso de los miembros de tu magna obra.

Este tipo de Tesoros que haces para la gloria de Dios, son una de las estrategias que el Espíritu Santo está usando hoy día para recoger la última y gran cosecha de almas antes de que Jesús regrese. Se han convertido en la gran oportunidad para que los discípulos y servidores del Señor ayuden a muchos a caminar correctamente hacia nuestro Padre Eterno.

9 789584 997753